一声爸爸一生榜样

李亚男◎编

北方妇女儿童出版社

·长春·

U0727907

版权所有　侵权必究

图书在版编目（CIP）数据

　　一声爸爸　一生榜样 / 李亚男编 . -- 长春：北方
妇女儿童出版社，2025.6. -- ISBN 978-7-5585-9227-0

　　Ⅰ . G78

　　中国国家版本馆 CIP 数据核字第 2025TN9504 号

一声爸爸　一生榜样
YI SHENG BABA　YISHENG BANGYANG

出 版 人	师晓晖
责任编辑	于　丁
封面设计	天下书装
开　　本	880mm×1230mm　1/32
印　　张	7
字　　数	200 千字
版　　次	2025 年 6 月第 1 版
印　　次	2025 年 6 月第 1 次印刷
印　　刷	三河市南阳印刷有限公司
出　　版	北方妇女儿童出版社
发　　行	北方妇女儿童出版社
地　　址	长春市福祉大路 5788 号
电　　话	总编办：0431-81629600
定　　价	39.80 元

成为孩子生命中不可替代之光

　　女儿还在襁褓中时，我经常在深夜轻轻推开婴儿房的门。月光透过纱帘洒进来，在婴儿床前织出一片银白。女儿正睡得香甜，小手攥成拳头举在耳边。我会慢慢蹲下身，仔细端详她微微颤动的睫毛，突然想起二十多年前，父亲是否也曾这样，在深夜里静静注视着我的睡颜。

　　记得小时候，父亲总是早出晚归。我常常在睡梦中听见钥匙转动的声音，那是他下班回家的信号。清晨醒来，桌上总会摆着一碗温热的粥，那是他出门前为我准备的早餐。那时的我总觉得父亲太过沉默，不懂得表达爱意。直到现在，我才明白那份沉默里藏着多少说不出口的牵挂。

　　在女儿第一次发烧的那个夜晚，我抱着她在房间里来回踱步，感受着她滚烫的体温，心如刀绞。那一刻，我突然想起自己六岁那年，也是发着高烧，父亲背着我走了两里路去医院。他的后背被汗水浸透，却始终稳稳地托着我，一步一个脚印地艰难前行。

　　我终于懂得，父亲的爱从来不是轰轰烈烈的宣言，而是藏在每一个细微的日常里，藏在每一道皱纹中，藏在每一根早生的白发里。

　　爸爸是孩子生命中最坚实的后盾，也是成长路上不可或缺的精神支柱。在当代社会，爸爸角色的缺失已成为一个不容忽视的问题。有数据显示，超过60%的家庭存在爸爸陪伴孩子的时间不足的情况，这种缺失正在悄然影响着下一代的心理健康与人格发展。

在陪伴孩子的过程中，爸爸们也在不断完善自我。为了更好地教育孩子，我们需要不断提升自己，这种动力可以推动我们持续进步。我们的榜样作用不仅会影响孩子，也将促使自身成为更好的人。

通过参与孩子的成长，爸爸们能够体会到生命的延续与传承，这种体验赋予人生新的价值维度。父亲身份不仅是一种责任，更是一种生命的升华。

父爱的价值远超出我们的想象。在这个快节奏的时代，爸爸们需要重新审视自己的角色，给予孩子更多的陪伴与关爱。这不仅关乎孩子的健康成长，也关系到家庭的幸福与社会的未来。希望这本书能够带给你一些启发，让我们珍惜为人父的机会，用爱与责任照亮孩子的成长之路，成为孩子生命中不可替代之光。

目　录

第一章

父爱不"缺席"，才是家庭最好的模样

一

拒绝"丧偶式育儿"：爸爸是孩子一生的底气

如果我问一个爸爸："你爱你的家庭和你的孩子吗？"我想大部分爸爸会毫不犹豫地给出肯定答案。如果我抛出第二个问题，我想大部分爸爸会陷入安静的思考："你是如何爱孩子和爱家庭的？"与妈妈对家庭和孩子细致入微的付出相比，爸爸的付出可能更多地体现在努力工作和拼搏上。为了给孩子和家庭创造更好的物质条件和学习环境，很多爸爸陷入了"先忙事业后顾家庭"的畸形模式，在爸爸的眼中，这是自己对家庭做贡献的最好方式。

在当今社会，我们每个人都有属于自己的角色，只有把自己的角色做好，社会才能发展和安稳，家庭才能幸福和稳定。在家庭中，男人是父母的儿子，是妻子的丈夫，此外，他们还有一个非常重要的角色，那就是孩子的爸爸。家庭是一个整体，在孩子成长的过程中，爸爸和妈妈缺一不可，不管妈妈多么完美和优秀，都替代不了爸爸的角色，爸爸的缺席将给孩子造成难以预估的伤害。

这样的场景妈妈们一定不陌生：妈妈在家里做家务，孩子在一旁哭闹，妈妈手忙脚乱地忙前忙后，爸爸却窝在沙发里玩游戏、刷视频，似乎家里的一切都与他无关。《2017 中国家庭亲子陪伴白皮书》显示，在超过 55% 的家庭中，妈妈是陪伴孩子的主力军。而爸爸陪伴较多和爸爸、妈妈陪伴一样多的家庭仅占 12.6% 和 16.5%。"丧偶式育儿"在网络上被热议，一度冲上热搜，如果你问妈妈们什么是"丧偶式育儿"，她们一定会给你列出若干罪状：在干家务的时候，爸爸永远有各种借口推脱；在教育孩子的时候，爸爸永远是那个"猪队友"；在陪伴孩子的时候，爸爸永远是最扫兴的那个人……

1. 再优秀的妈妈也不能替代爸爸，别让父爱缺席

　　临床心理学博士乔尼丝·韦布在《被忽视的孩子》一书中提出：父母对孩子成长的影响可能不在于他们做了什么，而恰恰在于他们没做什么。每个孩子的成长都需要父母的爱，缺一不可：母爱温柔、细腻，能让孩子感到安全和满足；父爱威严、博大，能够为孩子的成长指引方向。心理学家弗洛伊德说过："在孩子眼中，父亲是集法律、约束力、威严、权力于一身的超人。"如果一个孩子长时间生活在"缺少父爱"的氛围里，他们将"触摸"不到父爱，从而引发各种成长问题，比如缺乏自控和不自律，变得自卑和怯懦等。

缺乏自控

不自律

自卑

怯懦

　　在作者创办的读者会中，有一个叫楠楠的小男孩儿。他的爸爸是一位十分成功的商人，因为忙事业疏于对楠楠的陪伴，楠楠的性格一直都很懦弱自卑。爸爸虽然发现了这个问题，但一直没有重视，认为这只是成长中的小插曲，时间会解决一切。直到有一天，楠楠被几个男孩子欺负，他无助地蜷缩在角落哭泣，还吓得尿了裤子。他的爸爸这才意识到自己儿子的心理出现了问题，他停下手里的生意，专心陪伴孩子。他也在陪伴孩子的过程中渐渐意识到：爱孩子不是你为他赚了多少钱，不是你把他送去多好的学校，更不是你有多成功，而是多陪伴孩子，做孩子的朋友和老师，带孩子认识世界，并在这个过程中鼓励孩子更自信、勇敢地走向未来。一年之后，当楠楠的爸爸带着楠楠来到读书会时，我看到了楠楠眼里的光，也看到了他的自信与蜕变。

2. 父爱"点石成金"，是孩子不可替代的成长因素

心理学家罗斯帕克曾经跟踪调查 390 个家庭，并详细记录了爸爸和妈妈在与孩子玩耍时的细节差异。通过观察和对比，罗斯帕克发现：和爸爸相比，妈妈跟孩子玩耍的方式更加模式化，缺少兴奋度。相反，爸爸更喜欢带孩子玩激烈的运动和游戏，比如打球、赛跑、游泳、下棋等，爸爸还

会在这个过程中教孩子如何面对失败、挫折和控制自己的情绪。

"父，家长举教者。"我们常说妈妈对孩子的教育和影响如同"滴水穿石"，而我更愿意将爸爸对孩子的教育作用比作"点石成金"。根据一些实验、调查和实际情况，我们可以得出这样的结论：有父亲参与照顾、陪伴玩耍、出游的家庭，孩子幼年时期的行为问题更少，在青春期发生犯罪行为的概率也更低。爸爸对孩子的教育是妈妈无法替代和补充的。爸爸是孩子生命中的第一个男性形象，对孩子的性格形成有着深远的影响：爸爸身上的坚强、自信、勇敢、坚毅、有担当等特点，都会通过爸爸对孩子的教育潜移默化地渗透给孩子，成为他们性格养成和成长过程中不可或缺的因素。

3.孩子成长的秘籍：和爸爸在一起

小丽是一个小学五年级的女孩儿，她一直乖巧懂事，是爸爸妈妈的乖女儿。在她上三年级的时候，爸爸因为工作调动去了外省，每隔三四个月才能回家一次。爸爸刚开始去外地工作的时候，小丽还和以前一样认真学习、听话懂事，可隔了一段时间妈妈发现，小丽开始变得喜欢撒谎，学习成绩也下降了。在四年级的一次期末考试中，小丽的成绩一落千丈，考出了史上最低分，这让她的妈妈十分苦恼和自责，认为是自己的疏忽导致孩子的成绩和性格出现问题。小丽的妈妈冷静下来，与小丽进行了一次严肃而平等的对话，面对伤心自责的妈妈，小丽哭着说出了

自己的心事："妈妈，我不想让爸爸去外地工作，但是我说不出口，因为我知道爸爸是为了让咱们家过得更好，但是我想告诉你们，我不想要更优渥的生活，只想要爸爸的陪伴，想和爸爸在一起。"

我们必须承认的是，面对职场的竞争，爸爸不得不把更多的精力和时间投入到工作之中。但是爸爸们需要时刻提醒自己：工作重要，但对孩子的陪伴同样重要。孩子的成长需要多种因素，比如营养、知识、能力、爱和陪伴等，其中最重要的就是父母的陪伴。不管生活和工作多么忙碌，请合理规划自己的时间，给予孩子充分的陪伴和爱，让他们知道爸爸一直在身边。

二

成长不可逆，抓住孩子的每个成长瞬间

孩子刚刚降生时，抱着小小的、哭闹不止的小宝宝，作为新手爸爸的你一定是欣喜幸福之中夹杂着一丝手足无措；孩子三岁了，你牵着她的小手，把她送入幼儿园，看着哭成泪人的孩子，身为"硬汉"的你再也控制不住自己的情绪，抱着孩子哭成一团；孩子 6 岁了，你看着她背着书包独自走进校园，她回头，笑着向你挥手，留下你独自在一旁感慨；孩子 18 岁了，高考结束，她考入了理想的大学，你说要去送她入学，她说已经和同学相约一起去报到，纵然不舍，你也只能和妻子一起为孩子准备行囊……

爸爸，我要奔向自己的新生活了。我能照顾好自己，有空我再回来看你！

早点儿回来……

　　每个孩子的成长都是一条单行道，因为时间不会后退，也不会为了任何人做丝毫停留。你和孩子相处的点点滴滴，不管是快乐、幸福，还是苦涩、困难，都将成为孩子记忆中最珍贵的片段。在这以分别为终点的父子、父女关系中，爸爸能陪伴孩子的日子是那么有限，如果你不珍惜孩子那仅有一次的成长，那么我敢肯定，多年之后，当你回望孩子的成长时，注定会留下遗憾。

　　不管工作和生活多么忙碌，爸爸都要用心陪伴孩子，参与孩子的每个成长瞬间。陪伴不是简单地守在孩子身边，而是要投入时间、精力和爱，与孩子共同成长。

1. 小小的陪伴，大大的惊喜

如果孩子得不到爸爸的有效陪伴与及时认可，他们会在潜意识里认为自己不够好、不够优秀，所以自己的爸爸才不愿意陪伴自己，甚至由此产生深入骨髓、伴随一生的自卑。就算他们长大后明明很优秀，依然会因为潜意识里的自卑而认为自己不值得拥有更好的生活。

爸爸的有效陪伴将会给予孩子挑战困难的勇气，激发孩子的积极性和成就感，培养孩子的自信心。在未来的学习、工作和生活中，他们将带着这份爱和信心，勇敢面对生活中的挫折和困难，不会轻易被别人的言语所左右，甚至敢于挑战和突破自己。

我是一个 7 岁男孩儿的爸爸，不管多忙，我都不会错过任何一个陪伴孩子的机会。哪怕是出差，我每天也会抽出一段时间和孩子打电话、视频聊天儿，让孩子在这个过程中感受到我的爱、辛苦和付出。

爸爸的有效陪伴是孩子健康成长的动力，有效陪伴带给孩子的不仅仅是爱和呵护，还有满满的安全感。正如摩西奶奶所说："陪伴是最好的爱，可以抵挡世间所有的坚硬，温暖生命所有的岁月。"安全感是一种从恐惧和焦虑中脱离出来的信心、安全和自由的感觉。它既可以让孩子满足于现在，也可以让他们不再惧怕未来。

2. 爸爸的教育是孩子一生的财富

爸爸对孩子的教育是妈妈不能替代和弥补的。心理学家弗罗姆在《爱的艺术》里说："妈妈代表大自然、大地与海洋，是我们的故乡；爸爸则代表思想的世界：法律、秩序和纪律。"

在对孩子的教育中，爸爸要重视挫折教育、规则教育、快乐教育，让孩子克服坏习惯，学会为自己的行为负责。

爸爸要引导孩子理解规则并遵守规则，让他们知道哪些规则是必须遵守、不可超越的，父亲通过对孩子说"不"，用实际行动和事例告诉孩子遵守规则的重要性。

在家庭教育中，爸爸还要教会孩子在遇到挫折和失败的时候微笑面对，积极地面对挫折和困难。只有在困境中依然能够快乐前行的人才能走出困境，走向成功，所以爸爸一定要培养孩子乐观的个性，让孩子积极地面对挫折。

在孩子犯错误时，很多爸爸会以"他还是个孩子"为借口，把孩子挡在身后，替孩子承担所有责任。长期如此，孩子将学不会责任和担当。所以当孩子做了错事，损害了他人的利益时，爸爸要让孩子主动道歉，这样做不仅仅是为了获得对方的谅解，更能让孩子从小就树立起责任意识和担当意识，只有他们从小意识到要为自己的行为负责，将来才能顺利地步入社会，成为一个对家庭和社会负责、有用的人。

3. 忙里"偷爱"，制订陪伴计划

在我的孩子刚上小学时，正赶上我的读书会刚刚创立，每天我都要工作到很晚，对女儿的陪伴和教育少得可怜。面对妻子的抱怨，我总是觉得自己理由充分："为了工作，为了给你们提供更好的生活，我真的没时间。"有一天晚上，在加班的空隙，女儿遛进我的书房，搂着我的脖子说："爸爸，您能陪我聊聊天儿吗？"看着孩子充满期待的眼神，我实在不忍心拒绝，就暂时放下工作，和女儿聊起天儿。那次对话持续了将近一小时，女儿和我说了很多心里话，比如她马上就要加入少先队，还要去竞选班级的班干部；还有在最近爸爸特别繁忙的这段时间，妈妈也很累，笑容都减少了；她最近又掉了两颗乳牙，她和牙仙子交换了金币……那天晚上女儿非常开心，兴奋地对我说这短短的聊天儿足以弥补我最近对她的冷淡。看着孩子开心的样子，我的心里很不是滋味，原来在我以工作为借口对她缺少陪伴的那些日子里，她的生活发生了那么多变化。同时，我也意

识到，对孩子的陪伴不需要固定的时间和模式，可以根据实际情况随时变化，只要用心规划，就能制订属于爸爸和孩子的独特陪伴计划。在这之后，我会和女儿一起制订父女相处计划：这段时间比较忙，那我就利用孩子的睡前时间给她讲故事、陪她聊天儿，短短半小时的陪伴也能让孩子的内心得到满足；如果这段时间我有很多空闲时间，我就会带着孩子来一场说走就走的旅行，利用周末带孩子进行一场短途旅行；如果我要出差一段时间，我就会每天在孩子空闲的时间和她视频聊天儿……

　　只要用心，不管工作或生活多么忙碌，爸爸总是能想到办法陪伴孩子。所以从现在开始，不要再找借口，和孩子一起制订属于你们的私人相处计划吧！

三

先爱妈妈，再爱孩子，
一个不能少

英国人类学家雷蒙德·弗斯说："从人类学来看，社会机构中真正的三角是由共同情操所结合，儿女和他们的父母。"在由爸爸、妈妈和孩子组成的家庭关系中，存在着一条普遍性的真理：爸爸爱孩子必定是通过爱妈妈来实现的，妈妈爱孩子必定是通过爱爸爸来实现的。而我认为其中最应该被爸爸重视的是：爸爸爱孩子最好的方式是先好好爱妈妈。让孩子感受到爸爸爱妈妈，也是爸爸爱孩子的一种表现形式。因为只有爸爸爱妈妈，孩子才会在充满爱的环境中成长，只有孩子能够感受到充分的爱，他们才能学会爱，认为自己值得被爱。

　　心理学家李玫瑾在《心理抚养》一书中提出："父爱在幼儿的成长中不可或缺。凡是人性丰满、情感良好的人，一定有一对儿恩爱有加、相敬如宾的父母。"爸爸对妈妈的爱是孩子最好的学习榜样，家庭和睦是父母给孩子最优质的爱。如果你细心观察就会发现，在和睦幸福的家庭里长大的孩子，长大后的幸福概率会更高。因为他们从小就在爱的环境里耳濡目染，渐渐也变成有爱的人，变得自信、坚强。幸福的家庭一定有这样一个共同点：爸爸爱妈妈，妈妈爱爸爸，父母爱孩子，然后孩子学会爱与被爱。

1. 不要让孩子成为夫妻亲密关系的终结者

　　很多夫妻在孩子出生后就放弃了两个人的情感世界，全身心地投入到养育孩子之中，渐渐忽视彼此，长此以往，两个人的感情就会逐渐变淡。在婚姻里，我们应该时刻提醒自己，我们最初是因为相爱才结婚，才有了爱情的结晶，不要因为时间的流逝忘了自己的初心。

我的朋友小智在结婚后的第三年喜得千金。女儿出生后，他的妻子和岳母承担起照顾孩子的重任，她们每天围着这个小生命，家里所有的事项和话题都是围绕孩子的。在女儿出生前，他和妻子一起做美食，一起追剧、打游戏，依偎在一起看书，每天都会相互分享他们在单位的趣事。孩子的出生打乱了生活的节奏，妻子的情感世界逐渐被孩子"侵占"，在最初的一年多，他甚至有些嫉妒女儿，因为她霸占了他的妻子。有时他甚至会赌气地找借口加班，想因此引起妻子的注意，让她主动关心自己。可是过了一段时间，他渐渐意识到自己的行为和想法是幼稚且错误的，初为人父的他还没有接纳自己的新身份，试图通过逃避消极地解决问题，把照顾孩子的重任全部甩给了妻子。

小智非常郑重地与妻子进行了一次长谈，向她说出他这段时间的心理煎熬和挣扎，他向妻子承认错误，因为自己的不成熟给她造成了伤害。他向妻子保证，他会尽快适应自己的新身份，重建家庭关系，继续好好爱她，爱孩子，做合格的丈夫和爸爸。听完小智的自白，妻子趴在他的肩膀上号啕大哭。

自此之后，小智和妻子携手走在照顾孩子的道路上，新的家庭模式让他们变得更加默契，他们能够理解彼此的难处和脆弱，在这个过程中，孩子成为他们情感的纽带。女儿在爱的环境里长大，性格开朗

自信，他对妻子的爱让女儿感到很自豪，她会很自信地告诉别人：我的爸爸很爱我的妈妈。

2. 错误的夫妻关系可能对孩子造成不可弥补的伤害

我有一个做心理医生的朋友，我经常和他一起讨论心理学常识和案例，他告诉我，很多孩子的心理问题都是因为父母的关系不好造成的。他曾与我分享的一个案例让我印象深刻：一个孩子因为严重的抑郁症被父母送到医院治疗，来到门诊后，医生刚问了几句具体情况，孩子的父母就相互指责起来。妈妈说爸爸没有责任心，不关心家庭和孩子；爸爸说妈妈脾气暴躁，根本无法交流。孩子在旁边一言不发，默默听着父母吵架。医生只能把爸爸妈妈请出诊室，单独和孩子交流。孩子哭着告诉医生，他只要回到家里就会感到胸口憋闷，就怕爸爸妈妈会随时吵起来，怕爸爸妈妈摔东西，有时他甚至觉得活着很无趣。医生据此找到了孩子生

病的主要原因，后期在医生的系统治疗和父母的彻底改变后，孩子终于渐渐康复。孩子有这样的遭遇是不幸的，但还好他遇到了优秀的医生，他的父母能够知错就改，他的人生也因此改变了轨迹。

　　我们通过身边的案例和新闻可以意识到，父母的错误关系对孩子的成长非常不利。如果父母关系不好，很多孩子会形成自卑的性格。因为他们在家里感受不到足够的爱，父母经常争吵或者缺乏交流，孩子每天处于紧张和不安中，缺乏爱的滋养。在这样的环境之中，孩子不愿意交流，渐渐封闭自己的内心世界，变得孤僻、自卑甚至自闭。

　　一位心理学家说："家庭是情感的温床，而亲密关系则是温暖的阳光。只有在阳光的照耀下，我们才能在家庭的大树下共同茁壮成长。"生活在爸爸妈妈不相爱、不幸福的家庭里，孩子会在长大后不相信爱情和婚姻，对家庭没有责任感，因为他不知道如何爱和被爱，因此缺乏安全感。这样的孩子在与人相处时会表现得小心翼翼、谨小慎微，把自己包裹起来。

3. 如果必须离婚，请尽量减轻对孩子的伤害

我的初中同学大力前年离婚了，在一次家庭聚会上，他带着现在的妻子和自己的女儿参加了这次聚会。他的女儿依然自信开朗，见到叔叔阿姨主动打招呼，和大家聊天儿、开玩笑，我们在她的身上看不到任何受到父母离婚影响的痕迹，尤其是她和继母的关系融洽，更是让我们十分佩服大力，我想一定是他的处理方式妥当，才没有让父母的婚姻状况影响到孩子。后来经过与大力的交流，印证了我的猜想。原来在他与前妻决定和平分手的时候，就一起认真探讨过如果才能降低对孩子的伤害。他坦言，自己和前妻都知

道，不管他们处理得多么完美，都不可能对孩子不产生丝毫影响，作为孩子的父母，他们只能尽力让影响降低再降低。他们把孩子视为一个独立的个体，与孩子进行了一次深刻的谈话，谈了他们三口人之前幸福甜蜜的点点滴滴，谈了爸爸妈妈现在面临的问题和难处，也谈了爸爸妈妈对她的爱，以及未来的生活。因为父母对孩子的尊重和信任，孩子逐渐接受了现实，也意识到勉强在一起只会让三个人的关系越来越差。

当夫妻之间确定无法继续携手走完一生的时候，应该及早把实际情况告诉孩子，并用实际行动让孩子明白爸爸妈妈永远爱他。同时，尽量保持孩子的常规生活，共同对孩子的健康成长负责。

四

如果父爱缺席

　　我的表妹是一个非常优秀的女孩儿，毕业于名牌大学，身材高挑儿，长得非常漂亮，她的爸爸妈妈对她寄予厚望，在她参加工作后，父母就开始催她尽快找男朋友。家人都觉得如此优秀的表妹一定会找到一个条件很好的男朋友。但最终表妹的结婚对象让所有人都感到很吃惊，因为他实在太普通了，不论是家境，还是个人条件，这个男孩儿似乎都配不上表妹。在一次和表妹的聊天儿中，我忍不住问出了

哥，我们来看你了！

自己的困惑。听了我的问题，表妹淡然一笑，显然，她对于这个问题并不吃惊，她说很多人问过同样的问题。说完，她又看了看远处的天空，接着对我说："哥，每个人找结婚伴侣的期望不一样，所以这件事情没办法共情。我就希望找一个老实本分，能一直陪伴我，让我有安全感的男人。其他的条件对我来说并不重要。"

表妹的爸爸，也就是我的姑父，年轻的时候只顾着忙生意、拼事业，经常出差，表妹的童年是跟着妈妈度过的。小时候的表妹就经常表示非常羡慕我，因为我的爸爸妈妈可以陪在我的身边，而她的爸爸只是电话那头的一个男人。

后来谈起这件事，姑父总是一个人唉声叹气，他说年轻的时候以为只要多赚钱，给孩子提供优渥的生活，就是合格的父亲，没想到父爱和陪伴的缺

失对女儿造成了这么深的影响。如果可以重新选择，他一定会好好陪伴女儿。可惜时间不可逆，没有重新选择的机会。

成人总会把孩子的需求和体验无限缩小，用自己的逻辑和自定义的爱去"爱"孩子，却忽视了孩子的真实感受和真正需求。在孩子需要爸爸参加一次家长会的时候，爸爸会认为这只是一次微不足道的家长会，妈妈去参加也是一样的，在爸爸眼里，孩子的极力要求只是无理取闹和暂时的情绪化表现；在孩子想让爸爸给自己讲睡前故事的时候，爸爸会以加班为借口轻松拒绝；当孩子想让爸爸陪自己度过六一儿童节的时候，爸爸说自己要出差……殊不知这些在爸爸眼里微不足道的小事情对于小小的孩子来说是非常重要的。一次次的缺席、一次次的失望和难过，会在他们幼小的心灵里堆积，成为影响他们健康快乐成长的障碍。

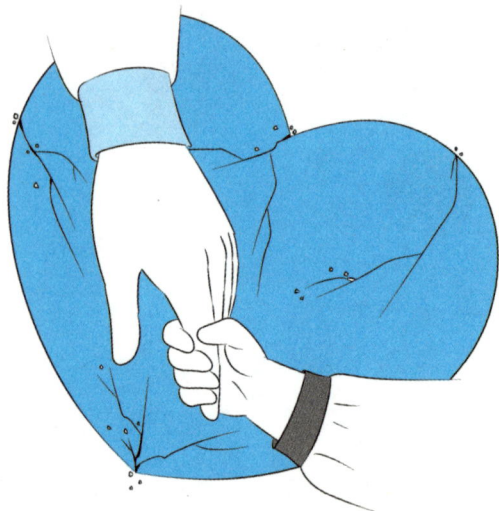

1. 细数那些父爱缺席的"后遗症"

爸爸是孩子人生中接触到的第一个男性角色和榜样，通过与爸爸的相处，男孩儿能从爸爸身上学习男性特有的坚毅、果敢、心胸宽广等优良品质，女孩儿则能学会与男性相处，并了解自己作为女性的角色定位。然而一旦父爱缺席，这些性格中特有的优点就会淡化，甚至消失，出现"男生女相""女生男相"等性别模糊的现象。研究显示：孩子的独立性很大一部分来自爸爸给予的安全感和力量感。经常有爸爸陪伴的孩子会在潜移默化中受到爸爸坚毅、智慧、幽默、乐观、豪放等积极正向性格的影响，这种潜移默化的教育方式对孩子健全人格的塑造十分重要。心理学通过调查得出结论：每天与爸爸接触超过 2 小时的孩子，与那些

和爸爸一周接触不超过 6 小时的孩子相比，前者更加活泼、开朗，同时具备更出色的进取精神、探索精神、人际交往能力。相反，长期缺少父亲陪伴的孩子往往缺乏面对困难和挑战的勇气，容易产生自卑、焦虑、自控力差等心理问题。严重的情况下，还可能因为情绪失控而产生暴力行为。

父爱的缺席会影响孩子长大后的择偶观和家庭观，就像上文中提到的表妹，父爱的缺席让她缺乏安全感，长大

后她需要通过婚姻弥补自己心理上的空虚和缺憾，从而降低了自己的择偶标准。如果爸爸在孩子成长过程中扮演积极正向的角色，这会让孩子潜移默化地形成健康的家庭观和择偶观，并对未来的家庭生活充满期待。然而，当父爱缺席时，孩子可能会对家庭生活产生恐惧和排斥心理，甚至导致他们未来的择偶观和家庭观出现扭曲。

　　孩子的价值感和自我认同感很大程度上来自他人对自己的评价。爸爸在大多数家庭中担任掌舵者和权威者的角色，因此他对孩子的评价更容易对孩子的价值感和自我认知的形成产生重要影响。父亲除了需要在孩子心中树立必要的权威，也需要格外注意给孩子一些正面的评价和鼓励，让孩子感受到父亲对自己的接纳和欣赏。心理学研究表明：

在安全感的给予方面，妈妈比爸爸更重要；但是在对孩子的肯定和认同方面，爸爸的重要性要大于妈妈。对于孩子来说，爸爸对他的鼓励、认同和赞美，一般具有特别重的分量，将对他产生深远的影响。

2. 爸爸的参与让孩子的成长不留遗憾

爸爸在满足孩子的物质条件方面通常毫不吝啬，却忽视了对孩子来说最重要、最珍贵的陪伴。爸爸要知道，时间的付出也是爱的重要体现，参与孩子的成长能够让孩子的生命更加精彩。梁启超曾在给孩子的家书中说："我常常感觉要拿自己做青年的人格模范，最少也不要愧做你们姊妹兄弟的模范。我又相信我的孩子们，个个都会受我这种遗传和教训，不会因为环境的困苦或舒服而堕落的。"从心理学的角度来看，对于孩子的成长来说，爸爸承担着非常重要的角色，他们是孩子离开母亲的怀抱，走向社会、走向世界的重要桥梁。弗罗姆说过："父亲可以为孩子指向通往世界之路，那是思想的世界、科技的世界、秩序的世界、冒险的

世界。"在与孩子的相处中，爸爸将在潜移默化之中向孩子传授或灌输社会秩序、处世规范、行为准则等人生观教育。如果爸爸能够积极参与孩子的成长，就能给予他们情感上

的支持和安全感，因为这可以让孩子感到自己被爱和被接受，这对他们的自尊心和心理健康非常重要。我们会发现，那些被爱意包围的孩子充满安全感，这能让他们在做任何事情的时候都更有力量。

如果把孩子的成长比喻成一条既有美丽风景，又充满重重挑战和危险的道路，那么父爱就是这条路上的一盏明灯，能够给孩子指明方向，给予他们无穷的勇气和力量。时光飞逝，无法逆转，孩子的成长不会重来，愿每一位父亲都能用时间、精力和智慧养育孩子，不给自己的人生留遗憾。

第二章

你很重要：爸爸的高度决定孩子的未来

一

做个会玩的爸爸，好性格是玩出来的

　　每个孩子的成长只有一次，给予孩子最好的陪伴和教育是每位父亲义不容辞的责任和使命。我们要明白一个道理：并不是因为生理上的亲子关系，孩子就会天然地爱和尊敬自己的父亲。一位导演曾说："我做了父亲，做了人家的先生，并不代表我就可以很自然地得到他们的尊敬。你每天还是要来赚他们的尊敬，你要达到某一个标准，这个是让我不懈怠的一个原因。"我们都知道爸爸的陪伴对于孩子的重要性，在诸多陪伴之中，如果只能选择其一，你会如何选择？是选择陪伴孩子学习，陪伴孩子运动，还是陪伴孩子去课外班？如果让我选择，我一定会选择陪我的女儿一起玩，坚持和她玩亲子游戏，因为玩是孩子的天性。

　　德国的哲学家席勒说过："只有当人充分是人的时候，他才游戏；只有当人游戏的时候，他才完全是人。"曾担任斯坦福大学本科新生部主任的朱莉·莱斯考特·海姆斯给有志于到世界一流大学深造的学生的家长们提出了 8 条建议，其中第一条就是："给孩子自由玩耍的时间。"心理学家温尼科特说过："游戏和创造是这个世界上最严肃的事情。"不论是心理学家还是教育学家，都得出相同的结论：玩是最好的教育，玩能解放孩子的天性，激发他们的好奇心，唤醒他们无穷的潜力，让孩子拥有感知美好的能力、不断探索的自信以及勇敢面对挫折和困难的勇气。爸爸要学会通过陪孩子玩这件小事，完成教育孩子这件大事。

　　在回忆童年时，让我记忆最深刻的不是父亲对我讲的人生哲理，也不是妈妈给我做的美味佳肴，而是父亲带着我在户外尽情玩耍的那些看似平常的场面，经过时光的洗

礼和岁月的沉淀，这些场面越发清晰，时常在我的脑海里出现：父亲带我踢足球、放风筝，教会我骑自行车，带我捉蜻蜓。在我跌倒时，父亲会把我扶起；在我因为输了游戏而哭泣时，父亲会鼓励我做个坚强的小男子汉；父亲还曾在下雨的时候带着我在外面疯跑，因为这件事妈妈还对父亲痛骂了一顿……长大后，父亲曾经给我讲过的那些大道理已经被我遗忘，而那些有父亲陪伴的时光却深深地印刻在我的脑海之中，历久弥新。现在我已经长大成人，每当我回望过去，总能想起这些场景和父亲的身影，它们给予了我无尽的力量和勇气，让我能够在人生的道路上勇往直前。它们让我每每想起都十分感动，在感恩父爱伟大的同时，也让我坚定地相信：无论何时何地，父爱都是我永远的依靠和支撑，同时也激励我做一个好爸爸。

　　有人说："一个父亲胜过一百个教师。"这是因为爸爸可以充分利用男性身份的优势去教育、影响和培养孩子，这是再完美的妈妈也难以替代的。教育心理学认为：妈妈的作用是提供安全感，爸爸则是孩子各项重要能力和价值观形成的榜样。爸爸们要认识到游戏对孩子的重要作用：它既是孩子释放天性的手段，也是孩子认识世界、塑造品格的重要方式。优秀的孩子都是玩出来的，下面就让我们一起看看如何通过亲子游戏培养一个优秀的孩子。

1. 在游戏中建立亲子间的信任

　　相关研究发现，对于婴幼儿来说，爸爸在游戏过程中展现的情感性质以及对宝宝情感表现的及时反应，对宝宝未来的情感和社交能力发展起到重要作用。积极乐观的爸爸能够培养宝宝积极向上的情感态度，而消极的情感表达可能导致宝宝对社交行为的不适应。爸爸在陪伴孩子游戏的过程中，将获得孩子的充分信任和尊重。每一次全身心的陪伴，都像是在亲子关系银行里存入了一枚亲情硬币，亲子关系将在日积月累中变得更加深厚和稳固。这样的信任和亲密情感不是通过责骂、讲道理获得的，而是需要爸爸花时间、精力和满满的爱去积累和沉淀的。

2. 亲子游戏也可以蕴藏教育和智慧

在游戏中，爸爸可以帮助孩子树立规则意识和诚信意识。因为规则是游戏的基础，任何游戏都有一定的规则，否则游戏无法顺利进行。在亲子游戏中，在与孩子约定游戏规则的时候，爸爸要保持平等的态度，对孩子予以充分的尊重。在游戏中，亲子双方可以进行充分的沟通，让孩子充分理解和认识游戏规则。有时爸爸甚至可以让孩子做规则的制定者，因为这不仅可以提升孩子的参与感和主人翁意识，也可以帮助他们更好地树立规则意识。爸爸也可以将教育思维和理念延伸到亲子游戏之中，通过有意识的引导，让孩子更加真切地体验父母以及其他家庭角色的生活日常，从而学会换位思考，进而提升他们的共情能力和责任感。

3. 打开思路，亲子游戏可以多样化

有的爸爸会把亲子游戏想得很难，不知道该带孩子进行什么样的亲子游戏。其实亲子游戏可以多样化和多元化，甚至可以由爸爸和孩子创造和制定规则。在室内，爸爸可以选择适合家庭成员共同参与的游戏，例如象棋、扑克或者益智桌游，这些游戏不仅可以增强孩子的思维能力，还能够培养他们的耐心和团队协作精神。在游戏的过程中，爸爸妈妈应放下手机，全身心参与，全家都可以在游戏中感受到亲子之间的快乐和默契。户外游戏的选择更加丰富，爸爸也能充分发挥其独有的优势：足球、篮球、羽毛球、跑步、跳绳……通过陪伴孩子进行户外运动，爸

爸可以和孩子建立更加亲密的亲子关系，并在这个过程中培养孩子坚毅、勇敢的品质，提升身体素质，以更加饱满的精神面貌面对生活和学习中的困难与挑战。

4. 坚持就是力量，让游戏成为生活常态

对于孩子来说，亲子游戏的乐趣不仅存在于简单的娱乐之中，更蕴藏在亲子关系的深度沟通、亲子的共同成长中。如果爸爸能够将陪伴孩子游戏融入日常生活，那么对于孩子来说，家庭将成为一座充满创意和温馨的坚固城堡。通过持之以恒的亲子游戏和互动，爸爸和孩子的亲子关系会变得更加深厚且牢固，它将成为孩子快乐成长的助推器，也将是家庭幸福的源泉。所以，请相信爱和坚持的力量，它将带给你无限惊喜。

二

好爸爸能培养孩子坚毅的品质

1. 你以为的陪伴是有效陪伴吗？

昊昊是一名初中生，淘气、叛逆的他一直成绩平平。到了初三，其他孩子都拼尽全力复习，只有昊昊不以为然，完全没把中考放在心上。

昊昊的爸爸开了一家律师事务所，昊昊出生后，他的妈妈就辞职在家照顾他。妈妈无微不至的关爱反而让昊昊越来越叛逆，爸爸的偶尔管教只能起到短暂的效果。面对孩子的青春叛逆期，束手无策的昊昊妈妈与昊昊爸爸进行了一次长谈。昊昊妈妈肯定了丈夫为家庭辛苦工作的贡献，但也希望爸爸能够

多抽时间陪伴昊昊，期盼他以父亲的角色来改变昊昊。看着泪流满面的妻子，又看了看那张让人窒息的成绩单，昊昊爸爸安抚好妻子后独自在书房思考了很久。第二天，昊昊爸爸告诉妻子："我明白了，赚再多的钱也无法弥补对孩子的教育和陪伴。从今天开始，你负责家务，我负责昊昊的学习和陪伴。"从此，昊昊爸爸推掉了应酬，每天接送昊昊上下学，陪伴昊昊一起学习、运动、读书，昊昊的成绩慢慢有了提升。可是在遇到困难的时候，他还是缺少毅力。

在一个周末，爸爸带着昊昊去爬山，快爬到山顶的时候，昊昊气喘吁吁地对爸爸说："爸爸，我爬不动了，我放弃！"爸爸拉起昊昊，硬是把他拽上了山顶。

望着远方的风景，爸爸给昊昊讲起了自己当年高考的往事："你知道的，爸爸小时候家里特别穷，爷爷奶奶为了供我读书十分辛苦。""爸爸，我知道。但是你现在很富有，为我提供了很好的生活。"爸爸摸了摸昊昊的头，接着说："可是有一件事你不知道，我也一直没告诉你，爸爸当年复读了两年，第三次才考上大学。"昊昊听后很惊讶，但他没有说话。"当时，家里已经没有钱供我读书了，而我已经连续两次高考失利，你爷爷劝我放弃读大学，尽快打工赚钱。可是我不想放弃，我跪下来求你爷爷再给我一次机会。你爷爷心软了，说再给我最后一次机会，如果还是考不上大学，那就要心甘情

46

愿地去打工。"爸爸停顿了一下接着说，"在第三次准备高考的过程中，心理压力和学习压力几乎让我崩溃，好几次我都要坚持不下去了。"昊昊惊讶地看着爸爸："那爸爸最后是靠什么坚持下去的呢？"爸爸温柔地看了看昊昊，又用坚定的眼神看向远方："靠着对理想和目标的坚持，靠着男子汉的毅力，我当时告诉自己：堂堂男子汉，任何困难都打不倒我！"那天爸爸还和昊昊讲了很多自己创业过程中遇到的困难，让昊昊对自己的爸爸有了更深刻的认识。爸爸不再把昊昊当成一个孩子，这是一场男子汉之间的对话，这场对话对于昊昊来讲意义非凡，他读懂了爸爸身上闪闪发光的东西，它叫坚毅。在爸爸的帮助下，昊昊对自己未来的路有了更加清晰的认知。最终，昊昊克服了重重困难，考上了理想的高中。

　　一位大学教授曾经说过："人与人之间最小的差距是智商，人与人之间最大的差距是坚持。"人生就像一场马拉松，决定孩子能够跑多远的不是一时的速度，而是孩子的坚持和毅力。在每个孩子的一生中，都将遇到各种问题、挫折、困难，能够让他们坦然面对的，就是他们心中的勇气和坚毅。作为一名父亲，你是否和孩子进行过一次严肃的、属于父女或父子间独有的对话？不是把他们当成孩子，而是把他们视为独立的个体，与他们探讨学习、理想、人生和未来，通过这些生活中的小事完成教育孩子的大事，在孩子心中播下坚毅与自强的种子。

2. 偶尔与孩子进行严肃且深刻的对话

　　在我与我的父亲几十年的相处过程中，有三次父子间的对话让我记忆深刻，分别是在我早恋被爸妈发现、高考失利那年、我和妻子结婚前一天。父亲告诉我男人要肩负的责任，与我谈他眼中有意义的人生，告诉我母亲这一生的辛苦、婚姻的意义。这三次严肃且深刻的谈话让我对人生、婚姻和生活有了更深刻的认识，对"坚毅""男人""父亲"这些关键词有了具象化的感受。

　　爸爸可以在孩子学习与生活的关键时期与他们进行严肃且深刻的对话，给予他们支持和方向，相信他们会在你的话语间得到启示和力量。

3. 在学习生活中通过刻意练习来培养孩子坚毅的品质

爸爸应当意识到坚毅品质的重要性，并通过在生活中长期有效的"刻意练习"来提升孩子的坚毅力。我们可以鼓励孩子积极参加课外活动，培养他们的兴趣，发现孩子具备的力量、美德和性格等方面的优势。我的女儿从三岁起学习舞蹈，其间遇到很多瓶颈期，孩子多次表示想要放弃。每当这时，我都会用我自己的方式鼓舞她，让她坚持下去。多年的舞蹈学习不但培养了她优雅的气质，更重要的是，她在这个过程中增强了意志力。所以我们要让孩子在某项活动中坚持一年以上，因为这个过程可以磨炼他们的意志，让他们养成坚毅的品格。美国心理学家埃里克森通过追踪研究发现：音乐、体育、舞蹈、钢琴、国际象棋、职业高尔夫球等领域的世界级高手，几乎都经过了至少10000小时

50

的刻意练习。埃里克森所说的刻意练习，就是明确提升性的长期目标，有意识、有计划、全神贯注地投入和不懈努力，并在练习、训练和尝试过程中积极、主动、及时地寻求有价值的反馈，每一次练习都尽力做到最好，并不断反思、修正、改进、完善和突破。

4. 以身作则，用自己的坚毅精神感染孩子

《认知觉醒》的作者周岭说："最好的教育不是说教，而是影响。"如果我们想培养孩子某种品质，就要以身作则，给孩子做出榜样，这样才具有说服力。你或许会说这样太难了，但其实我们不需要做什么惊天动地的事，只要坚持把身边的小事做好，比如每天坚持锻炼，保持健康的身材，而不是每天喝酒；每天为妻子、孩子做丰盛的晚饭；每天坚

持阅读和写作，和孩子一起进步……孩子看到你的变化时，他的内心自然会受到触动，这样的影响是无声且深刻的。爸爸要相信：你的坚持就是最好的身教，最好的教育就是和孩子一起成长。

在孩子成长的道路上，爸爸应该是教导者、守护者、陪伴者。我们需要让自己保持头脑的清醒，明确要培养和塑造一个什么样的孩子，并以此为目标和导向，通过刻意训练，始终给予孩子热情的鼓励、温暖的怀抱，做孩子的榜样，和孩子一起成长。总有一天，我们终将看到孩子长出坚毅的翅膀。

三

好爸爸懂得保护孩子的天性

　　蔡志忠是著名的漫画家，他的作品《庄子说》《老子说》《孔子说》等风格幽默风趣，深受读者的喜爱。蔡志忠的成功与他父亲的教育理念密不可分。蔡志忠说："父亲保护了我的天性。"他的父亲给几个孩子提供了宽松包容的成长环境。蔡志忠四岁那年，父亲问孩子们："你们的志向是什么？"一个孩子回答："我要当总统。"另一个孩子回答："我要当警察。"而蔡志忠回答："我要画招牌画儿。"与前两个孩子的远大理想相比，蔡志忠的理想显得平凡无奇。可是，他的父亲没有露出半点儿不悦之色，也没有教育他要立志高远。

1. 激发孩子的求知欲

每个孩子都对世界充满好奇和渴求，他们天性好问，随着年龄的增长，他们的问题会越来越多："为什么会打雷下雨？""为什么我没有参加爸爸妈妈的婚礼？"他们对周围的一切都感到新鲜有趣，会围着爸爸妈妈问这问那。研究显示，孩子会对爸爸更加信任，他们认为爸爸什么都知道。从孩子会说话起，他们就会围着爸爸问东问西，问一些爸爸们觉得不值一提的问题。这时，爸爸一定要认真对待孩子的每一个问题。求知欲源自孩子内心的积极要求，如果爸爸精心呵护它，它就会生机勃勃，反之它就会被摧残和扼杀。想要激发孩子的求知欲，爸爸们可以从多方面去启发和诱导。首先，要让孩子学会独立解决问题，爸爸要鼓励孩子独

立思考，自己寻找问题的答案，因为未来，创造力是孩子们在社会上立于不败之地的关键竞争力。其次，爸爸要让孩子接触和了解生活中的各种现象。相较于在课本上学习到的知识，孩子对于在实际生活中接触和了解的现象印象更深刻。比如孩子学习了物理折射反射现象，爸爸就可以带着孩子去观察生活中的这些物理现象，带他们去小溪边捉鱼、观察水中的筷子等。最后，经常性的反问有助于增强孩子的求知欲。

2. 让孩子热爱阅读

　　阅读是消灭无知、贫穷与绝望的武器，可以培养孩子的求知欲，而旺盛的求知欲是人生不断进取的重要推力。当你的孩子爱上阅读时，他将同时懂得爱自己、爱他人、爱生命、爱生活，阅读能为孩子带来无限的可能。爸爸会说："我也知道阅读对于孩子学习、生活和求知欲的重要性，但是如何让他爱上阅读呢？"培养孩子的阅读兴趣是一项长期工程，不是一朝一夕就能做到的，需要爸爸用耐心和信心来陪伴孩子。

　　读书要趁早。对于培养孩子的阅读兴趣而言，读书这件事越早开始效果越好。在孩子还小时，爸爸就可以带着孩子读图画书，让他们感受阅读的乐趣。读书需要良好的氛围，爸爸要经常为孩子购买各种类型的图书，方便孩子随时查阅。同时爸爸也要放下手机，专心陪伴孩子读书，经常带孩子去书店、图书馆这样读书氛围浓厚的场所。在我的女儿上幼儿园之后，我就经常带她去书

店，我们一起挑选自己喜欢的书。我会听她给我讲故事书里的故事和人物，也会把我读书过程中的感悟分享给她。孩子的可塑性很强，极易受到环境的影响，热爱阅读的爸爸和良好的阅读环境会给孩子带来积极的影响，从而让孩子爱上阅读。良好的阅读习惯一旦养成，它将成为孩子的习惯和爱好，孩子们也将在阅读中发现更广阔的世界，从而不断激发自己的求知欲，提升自我、不断进步。

3. 爸爸应该重视游戏对孩子的重要作用

提到对孩子的教育，很多爸爸都会围绕学习、成绩这些话题，却忽略了一个重要的事项——游戏。需要注意的是，这里提到的游戏不是电子游戏，而是如五子棋、拼图等能够对孩子的思维发展起到积极作用的游戏。

游戏可以让孩子的思维更活跃。因为游戏可以提高孩子对事物的认知能力、处世能力，也可以让他们的思维更发散。从孩子呱呱落地开始，他们就是在玩耍中感受世界的。在游戏的过程中，孩子会学会遵守规则，学会与人合作，能够在这些过程中提高实践能力、自主能力、观察能力和协调能力。

4. 放手让孩子做喜欢做的事

西晋时期，左熹让儿子左思学书法，为此不惜花重金聘请书法名家指导左思。但是左思对书法不感兴趣，所以学了很久都学无所成。左熹又让左思学琴，学了很长时间，左思连一支像样的曲子都弹不出来。这时左熹从失败中吸取了教训，结合左思的特点——性格内向，记忆力好，对文学有特殊偏好，便因材施教，让儿子学赋诗。左思如鱼得水，进步神速，几年之后，就写得一手漂亮文章，最终成为西晋著名的文学家。

许多爸爸都因为自己的"大男子主义"而对孩子采用命令和强制的教育方法，用自己的标准去要求和评价孩子，忽视孩子内心的真实感受和实际需求。在这样的教育模式下，孩子会丢失自己的天性，丧失自己的主见，浪费自己的天赋，亲子关系也会变得十分紧张。在教育孩子的过程中，爸爸应该俯下身，认真倾听孩子的声音，了解他们的真实感受。同时在生活中仔细观察孩子，寻找孩子擅长的领域，支持孩子做他们自己喜欢做的事情，从而有针对性地对孩子进行教育，最大限度地保护孩子的天性，让他们的天赋得到最大限度的开发。

5. 重视培养孩子的独立思考能力

我们会在生活和职场中感受到，那种遇到事情能够积极独立思考的人，要比那些只知道服从命令的人更成功。爱因斯坦曾说："让孩子学会独立思考和独立判断，比获得知识更重要。"在快速发展的时代，创新和独立思考能力越发重要，固有的思维模式无法让孩子应对复杂多变的挑战。因此爸爸在教育孩子的过程中，不应该把他们训练成听话的"小绵羊"，而应用心地培养他们的独立思考能力，让他们在学业和未来的事业中展现自己的风采和魅力。

第三章

榜样的力量: 爸爸要做孩子的第一个偶像

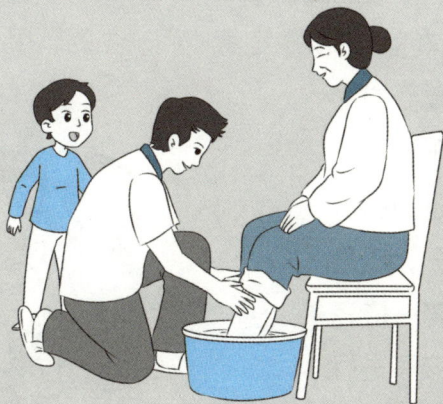

一

家是最好的学校，好爸爸胜过好老师

家庭对每个孩子来说都非常重要，因为不管他们未来从事什么职业，去哪里生活，成为什么样的人，他们都是从家庭这个港湾出发的。在孩子的一生中，对于他们来说有四个最重要的场所——母亲的子宫、家庭、教室、职场，这四个场所决定着他们一生的质量和方向。我认为其中最重要的就是家庭，对于孩子们来说，父母是他们最初接触的世界，也是他们人生的第一位老师，父母对孩子进行的早期教育将影响孩子一生的发展。德国

教育家福禄培尔说过："推动摇篮的手是推动地球的手。"
梁启超先生也说："故治天下之大本二，曰：正人心，广人才。而二者之本，必自蒙养始；蒙养之本，必自母教始；母教之本，必自妇学始。故妇学实天下存亡强弱之大原也。"
瑞典教育家哈巴特说："一个父亲胜过一百个校长。"

　　小睿是一个非常调皮的孩子，在学校经常因此受到老师的批评和同学的疏远。慢慢地，他变得有些自卑。爸爸发现了小睿的变化，便经常鼓励他正视自己的优点和缺点。一个周末，爸爸带着小睿去游乐场玩，小睿碰到了同班同学小楠，两个孩子便在一起疯玩起来。在玩的过程中，小睿不小心撞倒了小楠，小楠便委屈地哭了起来。小睿赶紧向小楠道歉，说自己不是故意的，可小楠依旧不依不饶地哭闹，说小睿平时就淘气，就是故意的。小楠爸爸见自己的儿子哭了，便不分青红皂白地上前指责小睿。面对这样的场景，小睿觉得可能是因为自己太淘气了，对别人造成了伤害，于是放弃了辩解，低下头不再说话。这时小睿的爸爸走了过来，他牵起小睿的手，对小楠爸爸说："小楠爸爸，孩子们在一起玩耍时，磕碰是在所难免的，我的儿子已经解释清楚，他不是故意的，并在第一时间向你的儿子道歉，我觉得他做得很棒，是个懂得担当的小男子汉。至于我的孩子是什么样的人与你无关，我自己的孩子我会教育！"听了爸爸的话，小睿抬起头，迎来的是爸爸鼓励和欣赏的目光。小睿握紧爸爸的手，感受到了前所未有的力量。

　　在一次家庭聚会上，小睿和几个兄弟姐妹一起唱歌跳舞，玩得不亦乐乎。这时小睿的表婶突然提议让每个孩子表演一个节目，孩子们便在大人们的掌声中依次上台展示才艺。有的孩子唱歌，有的孩子跳舞，有的孩子朗诵诗歌，气氛十分热烈。轮到小睿上台了，小睿背诵了一首《黄鹤楼》。表婶说："哎呀，小睿应该多多学习才艺，现在和其他孩子比真是差了不少呢，还要多锻炼！"听了表婶的话，小睿羞红了脸，小睿妈妈虽然不高兴，但是碍于情面也没有说话。就当小睿要走下台时，爸爸走上了舞台，他没有像平时一样幽默轻松，而是收起笑容，义正词严地说："小睿，你很棒，在爸爸眼中你是最优秀的，爸爸不会拿你和别人比较，也不允许别人轻易否定你。"说完，爸爸严肃地看向了小睿的表婶，表婶顿时羞红了脸。

　　小睿的同桌找不到自己新买的钢笔，便一口咬定是被小睿偷了，不管小睿怎么解释，同桌依旧坚持自己的看法，两个人的争吵引来了老师的关注。老师把两个孩子带去了办公室，并叫来了双方的家长。小睿爸爸赶到学校时，老师正在严肃地盘问小睿。问清事情的经过后，小睿爸爸非常严肃地对老师说："老师，我相信我的孩子不会偷别人的东西，请您不要在没有任何证据的情况下用这样的态度对待我的孩子！"后来小睿的同桌发现钢笔夹在一本书里，并没有丢，小睿的老师和同桌一起向小睿诚恳地道了歉。

　　回家的路上，小睿紧紧地握住爸爸的手，对爸爸说："爸爸，您在这三件事上为我撑腰，让我抬起了头，也让我知道了自尊、自爱、自强的意义，谢谢您！"

自此之后，小睿变得越来越稳重和坚毅，在各方面都表现十分出色。

通过小睿和爸爸的案例我们可以看出，爸爸的教育可以对孩子的性格、品质等各方面起到关键的引领作用，这是学校教育不能替代的。所以爸爸要正视自己的影响力，努力做孩子人生中的第一个偶像，用积极的思想和行动力教育孩子。

1. 努力做让孩子信赖的好爸爸

有些爸爸有这样的困惑：孩子把老师的话视为"圣旨"，却忽略自己的教育和言行。在遇到这样的情况时，爸爸应反思自己与孩子的相处模式，是否在生活中存在不尊重孩子、打骂孩子的情况。比如，有的爸爸会偷看孩子的日记、聊天儿记录，会因为孩子成绩不理想而责骂孩子，会因为孩子的偶尔调皮捣蛋而打骂孩子。殊不知这些行为都会伤害孩子的自尊心，给孩子造成严重的心理负担，甚至让孩子产生反抗情绪，拒绝与爸爸沟通。

父母是孩子的第一任老师，需要在孩子心中树立尊严和威信。首先，爸爸要做到信守承诺，在对孩子做出承诺后，爸爸要及时兑现。如果因为特殊原因无法兑现承诺，一定要及时向孩子解释，并向孩子真诚地道歉，绝对不可以敷衍了事。其次，爸爸要注重生活细节，你的一言一行都会在潜移默化中影响到孩子。面对弱者，你是否能够提供力所能及的帮助？对自己的父母，你是否有足够的耐心和孝心？对待工作，你是否有积极拼搏的精神？面对不公正，你是否有勇气挺身而出？这些都是对孩子的隐性教育。

2. 让父爱看得见、摸得着

如果我问一位爸爸："你是否爱自己的孩子？"他一定会毫不犹豫地回答："当然爱！"

一次进小学做心理测验的时候，我问一个班级的孩子："你的爸爸爱你们吗？"有几个孩子脱口而出："当然爱！"有几个孩子说："不知道！"还有大部分孩子一脸茫然，没有回答我的问题。为什么会出现这些的情况呢？因为许

多爸爸没有将爱准确地表达和表现出来，这样就导致孩子和爸爸对爱的理解不同。有的爸爸认为，爱孩子就是把孩子管教好，而孩子无法体会爸爸的"苦心"。孩子更能感受到表达出来的爱，所以爸爸要学会让自己的爱"看得见、摸得着"。即使爸爸不善言辞，也要学会适当地表达自己对孩子的爱，多抽时间陪伴孩子。除此之外，爸爸们不要总是一脸严肃、一本正经，让孩子敬而远之。请放下你的架子，和孩子平等交流，给予孩子尊重和理解，赢得孩子的信赖。

二

身教胜于言传，做孩子的好榜样

托尔斯泰曾说："在一个家庭里，只有父亲能自己教育自己时，才能有孩子的自我教育。没有父亲的先锋榜样，一切有关孩子进行自我教育的谈话都将变成空谈。"在生活中，我们经常会遇到这样的现象：爸爸自己"出口成脏"，却在孩子说脏话的时候动手打骂，以为这是"教子有方"；爸爸平时对自己的父母没有耐心、出言不逊，却要求孩子对自己毕恭毕敬；爸爸每天拿着手机刷视频、打游戏，却要求孩子远离电子产品；爸爸对待工作和生活消极被动，却要求孩子在面对困难的时候积极向上……

"身教胜于言教。"在生活中，爸爸的一言一行会在孩子

让我们看看这本书讲了什么，我们能学到什么？

的心里留下深深的烙印，产生深远的影响。爸爸们都想通过自己的精心教育让孩子努力拼搏、积极进取、坚韧不拔、尊重他人、有责任心，但在要求孩子之前，爸爸要先确认自己是否做到了这些。只有爸爸以身作则，孩子才能从你的行为中感受到这些品质的力量，从而在内心生根发芽，激起强大的内驱力。实际行动比任何言语都更有力量，孩子们具备天生的模仿能力，他们会观察爸爸的一举一动、一言一行。所以在教育孩子时，爸爸应该注重自己的言行举止，因为爸爸的每一个细微的动作、每一句温暖的话语，甚至每一个眼神，都可能会被孩子模仿和学习。做出表率比任何言语都更有力量，当孩子看到爸爸积极向上、努力拼搏、善良勇敢时，他们自然会在心中种下一颗颗美好的种子，并在这

个过程中逐渐形成自己的价值观和人生观。教育孩子要少说多做，身教胜于言教。所以爸爸要明白，只有用自己的实际行动为孩子树立榜样，让他们在模仿中进步和成长，孩子才会尊重和信任我们，我们的教育才能真正发挥作用。

太好了！今天可以去游乐场了！

说话算话！

《韩非子》中有一则《曾子杀猪》的故事，我想对于这个故事我们并不陌生，但可能都没有深层次地思考它对于爸爸教育孩子的积极启示作用。

这个故事体现了孔子的学生曾子对待子女教育的态度。曾子的夫人要到集市上去赶集，她的孩子哭闹着要跟着去。曾子的夫人对孩子说："你先回家

待着，你要是乖乖听话，待会儿我回来就杀猪给你吃。"曾子的夫人从集市上回来时，看见曾子正在捉猪。夫人劝阻曾子："我只不过是跟孩子开玩笑罢了，你怎么还当真了？竟然为了哄孩子的玩笑话杀猪！"曾子说："这可不能开玩笑哇！孩子并不知道你在和他开玩笑，他没有思考能力和判断能力，要向父母亲学习，听从父母亲给予的正确教导。现在你欺骗他，这就是在教孩子骗人哪！如果母亲欺骗孩子，孩子就不会再相信自己的母亲，这不是教育孩子的正确方法呀！"说完，曾子就把猪给杀了。

在孩子的成长中，爸爸是孩子最好的榜样，孩子的启蒙教育主要通过爸爸的教导完成，所以爸爸的言行、品质、习惯等都会深刻影响孩子。我们会发现，在同一所幼儿园、学校，在同一个班级，接受相同教育的孩子在各方面的表现差别很大。这也与孩子的天赋、接受能力、先天的性格等有一定的关系，但来自父母和家庭的影响更加重要。

　　网上的一则笑话让我印象深刻，但笑过之后我陷入了深深的思考：有一个孩子的学习成绩不好，他的爸爸经常责骂他，还骂他是"笨鸟"。终于有一天，这个孩子实在忍不住，对他的爸爸说："爸爸，您知道吗，世界上有三种'笨鸟'：第一种是有自知之明，知道自己笨就先飞的；第二种是嫌累干脆不飞的。"说到这里，孩子停下来看着爸爸，爸爸好奇地问："那第三种呢？"孩子笑了笑，接着说："第三种就是您这样的，自己不愿意飞，却逼着小鸟使劲飞！"

"望子成龙、望女成凤"是为人父母的美好愿望，但如果家长自己安于现状、得过且过，没有为孩子做出榜样和示范，没有为孩子提供良好的成长环境和氛围，却对孩子严加要求，甚至将自己未实现的愿望强加在孩子的身上，让孩子替自己负重前行，对于孩子来说就太不公平了。

压力

1. 做言行一致、信守诺言的爸爸

著名心理学家格尔说："父亲的出现是一种独特的存在，对培养孩子有一种特别的力量。"在生活中，爸爸一

咱们约好了！今天去动物园！

太好了！爸爸！

旦对孩子许下承诺，就要信守承诺，做到言行一致。如果答应周末带孩子出去玩，或是答应孩子去开家长会，爸爸一定要说到做到，

否则孩子会对爸爸丧失信心。爸爸是子女的楷模，当爸爸

在孩子面前失信
时，孩子也可能会
养成撒谎、不守信
的恶习。所以爸爸
要做"言必信，行
必果"、遵守诺言
的人，为孩子树立
榜样。

2. 形成积极向上的生活态度

在生活和工作中，我们都会遇到各种问题、困难和麻烦，你是积极乐观地面对，还是消极被动地处理？孩子们和成人一样，也会遇到各种挫折，爸爸在面对这些问题时的态度将对孩子产生深刻的影响。在面对各种困难时，我们要告诉自己，这不仅仅是对自己的考验，更是为孩子当好模范的好机会。我在遇到工作上的难题

时，会经常和我的女儿一起分享，我会告诉她我面临的困难，以及我的想法和计划。小小的她会非常认真地倾听，有时还会提出自己的建议。在我实施计划和克服困难的过程中，我的女儿不仅是旁观者，还是参与者，在这个过程中，我们父女的情感得到了升华，我在她心中的形象也变得高大了。

3.学会倾听孩子的心声

在孩子的成长中，他们需要得到爸爸的关注和支持。如果爸爸能够耐心地倾听孩子讲的每一句话，孩子会感到自己的需求和想法得到了爸爸的重视，就一定能感受到爸爸的爱和关心，这在一定程度上能够提升孩子的自信心和自我价值感。在与女儿相处的过程中，我非常重视倾听她的心事，因为重视她的每一句话，所以女儿非常愿意把自己的心事与我分享，我也因此有机会及时发现她成长中的每个小问题和小麻烦，并与她一起积极解决。

4. 坚持学习，不断提升

作为一个爸爸，你的知识储备充足吗？你还能跟得上孩子成长的步伐吗？要想成为称职的爸爸，就需要通过不断的学习提升自我，和孩子一起进步。前不久，女儿想要与我一起讨论 AI 技术。我不得不向女儿承认我对这方面不太了解，但是我告诉她，我会立刻查找资料，并与她约定一周之后一起

讨论 AI 技术。那一周，我利用晚上的时间查找资料、阅读相关图书，还向我的大学同学请教。在与女儿的讨论中，我的充分准备让她很吃惊，她没想到我会在这一周获得如此丰富的资料。

作为孩子的榜样，爸爸的行为和态度直接影响着孩子的成长。通过终身学习和不断提升自我，爸爸能够为孩子展示积极的学习态度和永不停息的求知精神。这种精神不仅能激励孩子们在学业上不断进步，也能教会他们在面对生活中的挑战时，应该如何不断追求进步和完善自我。

三

别退缩，请做孩子生命中的第一个英雄

　　在很多家庭中，爸爸的角色往往被低估或直接忽略。然而越来越多的研究表明，爸爸在孩子的成长中扮演着至关重要的角色。可以说，爸爸的高度不仅决定了孩子的起点，更直接深刻地影响着孩子未来的成就和幸福。

　　"爸爸是孩子的第一位英雄。"这句话并不夸张，作为一个家庭的支柱，爸爸的价值观、生活方式、行为举止等都会在潜移默化之中影响着孩子。在这里，"爸爸的高度"不仅指社会地位、经济能力，更包括爸爸的脾气秉性、知识水平、道德修养以及心理素质。一个拥有良好素质和积极心态的爸爸将为孩子提供一个充满爱、理解、支持的成长环境，这种环境下成长的孩子不仅更容易建立自信心，培养独立思考的能力，还能够学会如何面对生活中的挑战。

相关研究显示，积极参与孩子成长和教育的爸爸能够在学业、情感和社交等多方面帮助孩子获得幸福、取得更大的成功。相比之下，缺乏父爱或者父亲缺席的孩子更容易出现心理问题、学业困难和社交障碍等问题。

在教育孩子的过程中，爸爸的引导至关重要：当孩子遇到困难时，爸爸的支持和鼓励能让孩子变得更加坚忍、勇敢；当孩子感到迷茫时，爸爸的理解和建议能够让他们尽快走出困境。与此同时，父亲的榜样作用也不容忽视：一个善于学习、努力工作、关心家庭的爸爸会让孩子在潜移默化中树立正确的人生观和价值观。

作为家庭的领航者，爸爸要意识到自己在孩子的成长中扮演着至关重要的角色。因此，持续自省、提升自我、关爱家庭是每一位爸爸的责任与使命。

1. 不要威胁或恐吓孩子

有的爸爸对孩子的教育非常"简单粗暴"：用威胁和恐吓的方式让孩子对一些行为产生恐惧心理。虽然威胁和恐吓可以让孩子暂时性地服从，但这只是一种短期的行为控制手段，不仅无法让孩子真正认识到自己的错误，还会让他们产生反抗情绪，甚至变得懦弱胆小。心理学家认为父母的威胁和恐吓不仅会让孩子变得小心翼翼，凡事退缩，还会让孩子产生一种逆反心理。长此以往，孩子就不再会信任他人，并以同样的方式对待周围的人，从而影响孩子的性格和人际关系。所以当孩子犯错误的时候，请爸爸不要再用这样低级的手段教育孩子，请拿出你的智慧和耐心，帮助孩子分析问题和错误，一起解决问题，为孩子做出榜样。

分析问题
改正错误

2. 爸爸的冷漠会变成囚禁孩子的牢笼

提到"冷漠"，爸爸会十分肯定地说："我怎么会对孩子冷漠呢？"这里的冷漠不是指对孩子漠不关心，而是指在生活中以自我为中心、固执己见，从而忽略了孩子内心的真实想法和需求。在生活中，很多孩子会这样评价家长给自己的爱："明明我在沙漠里马上要渴死了，爸爸却递给我一个高级面包，还告诉我这是世界上最贵的面包，这是他对我的爱。"明明孩子更喜欢运动，爸爸却将自己喜欢的艺术强加给孩子，以"为孩子好"为冠冕堂皇的借口，让孩子陷入痛苦之中。相较于细腻的妈妈，爸爸更容易忽略孩子的真实想法和需求，给予孩子一厢情愿的爱，这样冷漠的爱就像牢笼一样将孩子困住，在无形中伤害了孩子。

3. 别总让孩子问"爸爸去哪儿了"

《穷爸爸，富爸爸》里有这样一句话："所谓成功，就是有时间照顾自己的小孩。"许多爸爸都会以工作忙为借口而忽视对孩子的陪伴，希望通过努力拼搏为孩子提供更优渥的生活条件、更好的学习环境。但如果爸爸和孩子深入交流就会发现，自己一厢情愿给予孩子的却并非孩子想要的，而对孩子教育和陪伴的缺席让自己与孩子渐行渐远。

孩子的成长是一条无法回头的单行线，教育和陪伴才是爸爸最值得花时间学习和投资的事业。不要总让孩子问"爸爸去哪儿了"，你要用实际行动告诉孩子："爸爸一直都在你身边！"

4. 回家前，请把坏脾气和坏情绪丢在门外

作家莫言曾说过："不要把好脾气都留给外人，把暴躁易怒的一面都留给身边的亲人，他们不是你的出气筒。对待家人，多一点儿耐心，少一点儿抱怨。"你的家庭幸不幸福，从你进门的那一刻就注定了，因为你进门时的脾气和情绪决定了你家庭的幸福走向。

爸爸的情绪会对孩子的成长产生直接的影响：爸爸的积极情绪会对孩子日后的社交能力产生正面影响，而爸爸的消极情绪会对孩子的社交能力产生负面影响。所以不管如何，爸爸要学会控制自己的情绪，不把坏情绪带回家，这不仅是对情绪的控制，更是对家庭和孩子的责任。

5. 学习成绩不是唯一标准，告诉孩子人生的意义

最近网上的一则视频感动了很多家长，也让很多家长陷入了沉思：在家长会上，一个爸爸分享了他对成绩落后儿子的认可和祝福。这位父亲并没有因为儿子的成绩不好而感到失望，相反，他欣赏儿子身上的很多优点，相信他即使成绩不好也会有美好的未来，儿子是他永远的骄傲。这位爸爸的积极态度和鼓励的话语让在场的家长们深受感动，也都重新审视自己对孩子的教育。如果你的孩子成绩不好，你会像这位爸爸一样鼓励、支持、欣赏自己的孩子吗？

我们给予孩子的教育应该是全面的，除了成绩，更应该注重培养孩子的兴趣、能力、人生观和价值观。爸爸应该在生活中发现孩子的优点和潜力，尊重他们的个性和兴趣。每个孩子都有自己独特的天赋和擅长的领域，有些孩子可能在学业上不够出色，但他们可能在艺术、体育、社交等领

域闪闪发光。爸爸应该关注孩子的全面发展，鼓励他们追求自己的梦想，告诉他们人生的意义，而不仅仅是追求学业上的成功。

6. 孝顺不仅是一种美德，更是一种传承

晚上，一位爸爸给妈妈端来洗脚水，耐心地给老人洗脚。做完家务的爸爸拖着一身疲惫回到房间，发现孩子没在，一回头，看见小小的孩子颤颤巍巍地端着一盆水走向自己："爸爸，洗脚！"

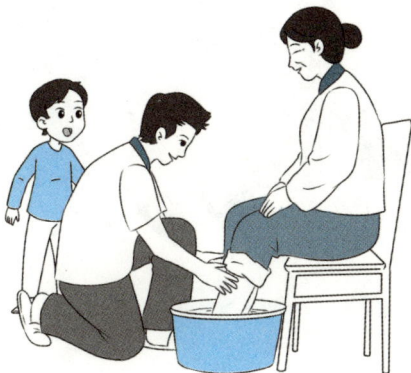

　　每个爸爸都希望自己的孩子未来能够孝顺自己，但孝顺的品质不是教出来的，而是一种美德，良好家风的自然传承。大自然的规律就是这样，风吹草动，花开花落，所有的因果循环都是有迹可循的。你在孝顺自己的父母时，就像在孩子的心底种下了一颗善良的种子，未来它必定能结出丰硕的果实。你的孝顺品质会让孩子对你更加尊敬，这是一种润物细无声的无形教育，这是你用行动给孩子树立的榜样。

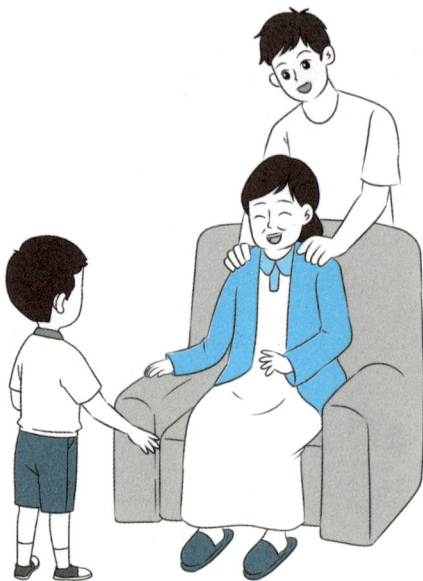

第四章

父爱如山亦如歌，
请学会正面管教和沟通

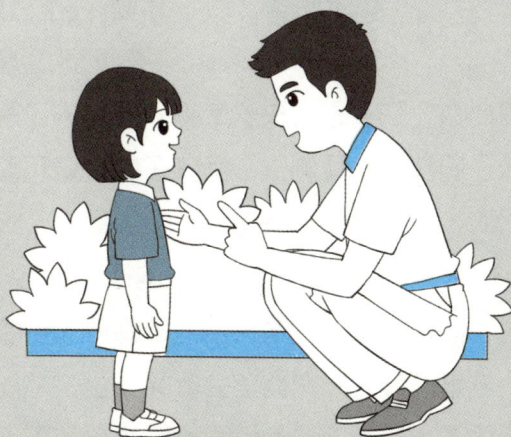

一

如何说孩子才肯听？怎么听孩子才肯说？

爸爸都愿意把最好的一切给孩子，但许多爸爸抱怨，随着孩子的成长，他们越来越不愿意和自己沟通，仿佛父子或父女之间隔着一道虽然看不见却深不可测的鸿沟。在生活和学习中，孩子到底需要什么，孩子在想什么，孩子是否快乐幸福，你真的了解吗？教育专家给孩子们做了一项测试，问孩子最愿意和哪些人倾诉自己的烦恼，结果显示，爸爸的得票数最少，孩子更愿意和朋友、社会工作者、老师倾诉自己的烦恼。当孩子离你越来越远时，你是否会产生深深的挫败感？先别急，找到问题的源头才是关键！只有爸爸会听又会说，才能培养出真正优秀的孩子，爸爸的一句话可能照亮孩子的一生，让孩子的生活充满阳光和温暖；同样，爸爸的一句话也可能让孩子受到伤害，产生心理阴影。既然语言的力量如此强大，爸爸们就必须学习如何与孩子沟通，用自己恰如其分的语言搭建起与孩子之间有效沟通的桥梁。

1. 让孩子充分地信任自己

一位教师曾说："走入孩子的心灵世界中去，你会发现那是一个广阔而又迷人的新天地，许多百思不得其解的教育难题都会在那里找到答案。"如何走进孩子的内心？最好的办法就是让孩子充分地信任你。

　　我的朋友大勇是一个标准的东北大汉，让他的朋友们想不到的是，粗枝大叶的他当了爸爸后就像变了一个人。在他与儿子十几年的相处过程中，他不仅是孩子值得信任依赖的爸爸，还是孩子的朋友、老师。现在他的儿子上高二了，已经是一个个子比爸爸还高的小男子汉了，处于青春期的孩子非但没有疏远爸爸，反而更黏着爸爸了，总是主动和爸爸分享自己的心事。身边的朋友都向大勇取经，一提到这个问题，大勇总是会笑着告诉朋友："我从没有欺骗过孩子，没有在孩子面前食言过，答应孩子的事，不管多难，我都会想尽一切办法做到，不让孩子失望，所以他信任我。"

2. 适当闭嘴，拒绝做唠叨的家长

　　许多爸爸在和孩子沟通的过程中会不知不觉地唠叨，即使孩子没有表露出抗拒和反感，也会在心里大喊："请不要唠叨了！"大部分爸爸知道不能打骂孩子，因为这样会伤害孩子，但是都忽略了唠叨的隐性伤害。

　　雨果曾说："在适当的时候保持沉默，是一种智慧的表现。"通过观察身边的家庭，我发现一些孩子缺乏自律，总是需要父母不断提醒和督促，他们才能顺利完成任务。进一步仔细观察就会发现，这些孩子的父母都有一个共同点，那就是管不住自己的嘴，不会在适当的时候闭嘴，总是不断地唠叨和提醒孩子。事实上，想让一个孩子自觉，父母就要学会在适当的时候闭嘴。孩子对家长唠叨的反感，就像孙悟空对唐僧念紧箍咒一样厌恶。

当爸爸和孩子针对一个问题进行了深入交流之后，爸爸就要提醒自己，短期内不要再在孩子面前反复提及这个问题。比如孩子最近学习成绩不理想，爸爸和孩子一起分析了导致成绩不佳的原因，并一起做好了学习计划，那么爸爸已经做好了自己应该做的

事，剩下的交给孩子和时间。接下来爸爸需要做的就是耐心地等待和充分地相信孩子，即使孩子的表现没有自己预期的好，爸爸也要沉住气，相信孩子可以自己调整状态。孩子在任何方面的成长都需要一个过程，比如良好习惯的养成、文化知识的积累等，这不是爸爸的唠叨所能改变的。

3. 赢得孩子，而不是赢了孩子

《正面管教》一书中有这样一句话："要赢得孩子，而非赢了孩子。"赢了孩子是指父母用控制、惩罚等手段在形式上战胜孩子；赢得孩子是指父母通过维护孩子的尊严、与孩子耐心沟通，相信孩子有能力与大人合作，并且能够贡献孩子自己的一份力量，最终孩子将对父母产生深深的信任。在与孩子的交流过程中，爸爸用各种手段赢了孩子，比如强制孩子听从家长的安排，而不听孩子真实的想法和需求。如果爸爸陷入与孩子争论谁对谁错的纠结中，最后的结果很可能是两败俱伤：不仅孩子的问题没有得到根本的解决，爸爸和孩子的关系也变得紧张。

4. 面对孩子的错误，惩罚之外还有更好的方法

有的爸爸会有这样的困惑：不是说好的教育要赏罚结合吗，为什么我罚来罚去，孩子就是不听话，屡教不改呢？其实孩子在知道自己犯错的时候，内心已经做好了接受处罚的准备，如果爸爸经常性地惩罚孩子，孩子就会预

料到爸爸的惩罚手段，如果惩罚太多，孩子就会形成一种印象：惩罚也没什么大不了的。所以在孩子犯错时，爸爸不要一味地批评惩罚孩子，适当宽容效果会更好。适当地保持沉默，给孩子一个自省的机会，或许孩子能够自己改正错误，在错误和反思中成长和进步。

5. 不要居高临下，要与孩子平等对话

　　请爸爸回想一下，当你与孩子谈话时，是"你在说，孩子在听"的模式，还是"孩子在说，你在耐心听"的模式？如果是前者，你就该反思并调整自己与孩子的沟通模式了。许多爸爸在和孩子沟通时，往往说不上三句话就不

欢而散。因为爸爸会用审犯人的口气质问孩子，孩子没有感受到丝毫关心和爱，当然不愿意继续和爸爸沟通。交流不是训话，如果你真的关心孩子，想知道孩子在想什么，就要以平等的思想、温和的语气与孩子交谈。不平等的交流只会让孩子畏缩、自卑、逆反、孤独。爸爸要意识到，我们面对的是一颗天真稚嫩的心灵，一旦处理不当，就会给孩子的心理健康造成伤害。

父母和孩子在人格上是平等的，孩子不是我们的附属品，而是独立的个体。爸爸不能把自己的想法和观念强加给孩子，当我们的想法和孩子产生分歧时，爸爸不妨蹲下身来，通过平等交流的方式消除彼此间的分歧。如果爸爸能够以温和平等的态度和孩子进行交流，就可以将爱和教育完美地结合在一起，让孩子健康、快乐、自信地成长。

6. 保护孩子的自尊心

　　爸爸都知道自信心对孩子非常重要，缺乏自信心的孩子会在各种能力的发展上缺乏主动性和积极性。我们都期望孩子成为迎着阳光成长的人，而其中最重要的一点就是保护孩子的自尊心。孩子的自尊心是一块神圣的领域，如果爸爸没有充分保护孩子的自尊心，他们就会变

得自卑懦弱，失去信心。

一位作家曾说："父母生育的孩子只有两种：一种是天才，一种是普通人。父母对孩子实施教育，实际上就是转基因教育。要么将天才转变为普通人，要么将普通人转变为天才。"在与孩子交流的时候，我们一定要把握说话的分寸，有的爸爸只顾着发泄自己的情绪，伤人的话随口就说："你真没出息！""大人的事，小孩子懂什么！""我对你太失望了！""你真的无药可救了！"这些话只会让孩子关上与你沟通的门。

每个人都有自己的长处和短处，除了避免说出这些伤害孩子自尊心的话，爸爸要学会发现孩子身上的闪光点，让孩子慢慢建立自信心，不断完善自己。

二

亦父亦友，优秀的孩子是陪出来的

一位作家曾说："如果每个孩子都能有一只温柔的手在引导他前进，而不是用脚去踢他的胸脯，那么，教育就能更好地完成它的使命。"一所大学通过科学实验揭示了陪伴孩子的神奇之处：对行为得体、考试名列前茅这两件事起决定性作用的不是作业的数量，也不是家长督促学习的程度，竟然是家庭聚餐的频率和时长。我们总是纠结于孩子的各种问题和缺点，却没有深入思考这些问题和缺点产生的真正原因：孩子产生各种成长问题的根源在于他们的需求没有得到满足，于是他们试图通过一些过激行为来引起父母，尤其是爸爸的关注和陪伴。

一位心理学家说："如果一个孩子在童年时，父母只照顾他的基本生活，却不关心他的情感和想法，孩子的自我认知和行为模式会严重扭曲。这种伤害并不会止于童年，而是会延续到成年之后：他们可能会缺乏自信，处理不好人际关系。"

我的表姐从小就像个小公主，想要什么就有什么——至少在外人眼里是这样的。表姨夫是标准的成功人士，在自己擅长的工作领域里发光发亮，因此他有能力让表姨和表姐过上衣食无忧的生活。但因为工作忙碌，他每个月的大半时间都在出差，即使回到家里也要不停地处理工作、接听电话，他觉得自己很辛苦，但一切都是值得的，因为他是在为表姐的"幸福生活"而奋斗。但是长大后的表姐并不幸福，嫁了一个我们都觉得很普通的男人，在与人相处的时候，她经常表现得很不自信，在工作中也缺少争取和拼搏的精神。这一切都让表姨夫无法理解："我这么多年辛辛苦苦地打拼，给你提供了这么优越的条件，你怎么把生活过得这么糟糕呢？"有一次在和表姐聊天儿的时候，我也问出了心里的疑惑，表姐没有正面回答我的问题，而是告诉我："我最近在自学心理学，想解答我内心的疑虑，也只有这样，我才能下定决心要孩子，否则我不知道自己会不会像我的爸爸一样，穷尽一生，却养了一个不幸福的孩子……"说完，她已经泪流满面。

1. 陪着 ≠ 陪伴，孩子需要的是有效陪伴

说起陪伴，许多爸爸都会胸有成竹地说："我很重视对孩子的陪伴，每天都陪伴孩子！"我们必须厘清一个概念：什么是有效陪伴？真正的陪伴是亲子间的互动，能够给予孩子充分的能量，让他们有能力抵御一切困难和挫折，有底气和勇气面对生活中遇到的各种问题。

现在就请爸爸自查，自己给予孩子的陪伴是真正意义上的有效陪伴吗？以下这三种"伪陪伴"，你是否似曾相识：看管式陪伴，爸爸把陪伴孩子当成任务，为了陪而陪，这样的陪伴会让孩子和爸爸都十分煎熬；交易式陪伴，很多爸爸因为忙于工作没有时间陪伴孩子，心里觉得亏欠孩子，就想通过其他方法补偿孩子，选择用钱或者各种礼物来收买孩子，长此以往孩子就会把条件错当成爱，失去与父母

爱的互动和依赖；心不在焉式陪伴，有的爸爸认为只要自己陪在孩子身边就行，自己可以做自己的事，于是他们让孩子自己玩耍，自己则拿起手机玩游戏。以上这些陪伴对孩子来说没有任何积极效果，也不是真正意义上的陪伴。

真正的陪伴是专心的陪伴、放下手机的陪伴，更是一场爱的互动，它能够让孩子愿意听从爸爸的意见和想法，愿意把自己的心事告诉爸爸，愿意和爸爸像朋友一样相处。

2. 爸爸陪伴有方法，孩子成长不费力

如果爸爸想有效地陪伴孩子，第一步就是要付出时间和精力。工作和生活的压力让爸爸们每天都忙得像个陀螺，但是不管多么忙碌，爸爸每天都要抽出固定的时间，放下手里的工作，全身心地陪伴孩子。

在陪伴孩子的过程中，爸爸一定不要给孩子提附加条件，比如："我陪你玩，你就要听爸爸的话！""如果你下次考试 100 分，我就每天都陪你玩！"附加条件的陪伴会让效果大打折扣，让孩子以为爸爸的爱是有条件的。

如果爸爸每天回家很晚，也可以选择在睡前和孩子进行简单的交流，虽然陪伴的时间短，但只要用心，爸爸就可以让自己的陪伴事半功倍。简单温馨的交流可以成为每天陪伴的点睛之笔，让你的陪伴得到升华。

摩西奶奶说："陪伴是最好的爱，可以抵挡世间所有的坚硬，温暖生命所有的岁月。"希望爸爸们能够尽早意识到：有效陪伴将内化为孩子勇于尝试、创造奇迹的力量和底气。

3. 爸爸的陪伴为孩子的梦想扬帆

　　每个孩子都有自己的梦想，梦想能否实现的关键在于孩子的行为，脱离行为的梦想是没有任何意义的。作为深爱孩子的爸爸，如何帮助孩子实现梦想呢？我认为最关键的就是让孩子养成良好的生活习惯和学习习惯。在孩子形成良好习惯的初期，他们最需要的就是家长的陪伴。每个优秀孩子的背后都有辛勤努力的父母陪伴，很多爸爸只看到了其他孩子的优秀和完美，却没有看到他们的父母的默默付出。每个爸爸都希望自己的孩子变得优秀，却不是每个爸爸都愿意在孩子身上付出时间和精力。

　　在陪伴孩子的过程中，爸爸可以通过家庭规划、言传身教等方式帮助孩子养成良好的生活习惯和学习习惯。一位

优秀的主持人说过："你想要孩子成为什么样的人，首先你就要成为什么样的人。"爸爸陪伴孩子的过程，也是给孩子树立榜样的过程。以身作则和言传身教是爸爸给孩子最好的陪伴和教育，爸爸也应该在陪伴孩子学习的过程中不断进步。

心理学家普遍认为，随着社会多元化的发展，情商对一个人的影响比智商更重要。培养孩子的高情商对于他们学习、生活、工作和综合发展至关重要。爸爸的有效陪伴将积极促进孩子的情商发展。在陪伴孩子的过程中，爸爸应该关注孩子的感受，及时察觉孩子的需求，并培养孩子的同理心。同样，爸爸在家庭中的行为，尤其是情绪，对于孩子的心理发育和情商发展也具有深刻的影响。爸爸应该持续关注孩子的成长需求和情感变化，并与孩子建立亲密的亲子关系。通过与孩子的亲密互动和有效引导，可以帮助他们建立积极的情感态度和人际关系，这些都有助于培养孩子的高情商。

三

这样给孩子立规矩，孩子才不会抵触

"无规矩不成方圆。"无论是在家庭、学校，还是将来进入社会，孩子都会面临各种各样的规则，良好的规则意识能够帮助孩子养成良好的习惯。许多爸爸会发现，在教育孩子的过程中，打骂是无法从根本上解决问题的，我们可以通过给孩子设立明确的规矩，帮助他们树立正确的行为观念、培养好习惯，达到良好的教育效果。

1. 爸爸好好说话，孩子才会听话

　　强强的爸爸给他立下了很多规矩，比如食不言寝不语、见人主动打招呼、养成良好的生活习惯和学习习惯等。最初强强非常用心地按照爸爸的要求做好每一件事，可他毕竟是个孩子，偶尔会有犯错的时候。每当他犯错时，爸爸都会严厉地批评他，还会给他贴各种标签：不认真、不聪明、不懂事。在爸爸的打压和批评下，强强干脆自暴自弃，不再遵守爸爸立下的那些规矩。

　　许多爸爸会说："道理我都讲了无数遍，规矩也立好了，为什么孩子就是不听话呢？"我想问："你和孩子好好说话了吗？"或许你会对"好好说话"这个问题不屑一顾，我们不妨换位思考，你在单位工作，领导要对你下达一个指令，如果他用命令指责的口气说："这个工作你必须做好，否则后果自负！"你会有什么样的感受？会欣然接受，然后认真执行吗？我想答案一定是否定的，你一定会带着满腹牢骚和委屈工作。

　　当孩子做错了事，爸爸要做的不是批评教训孩子，而是应该和孩子一起面对和处理问题。很多爸爸做不到这一点，当孩子犯了错，他们会立刻暴跳如雷、如临大敌，摆出一副严厉的家长姿态，对孩子指手画脚，甚至对孩子使用侮辱性的语言。这样只会让孩子对你的规矩和批评产生反感，所以在给孩子立规矩之前，请先确保自己可以好好和孩子说话。

2. 爸爸尊重孩子，孩子才能接受规矩

孩子的自尊心是归属感、价值感和尊严的核心，一旦孩子的自尊心受到伤害，将会对他们的心理健康造成长远的影响。"没有尊重，一切的教育都等于零。"爸爸在给孩子立规矩前要清楚一个最基本的前提——尊重孩子，保护孩子的尊严。

有的爸爸只是"简单粗暴"地给孩子立规矩，要求孩子执行，却没有告诉孩子为什么让他们遵守这样的规矩。比如爸爸要求孩子认真刷牙、按时睡觉、见到熟人积极打招呼等，却没有告诉孩子这些规矩对人生的重要意义。只有孩子知晓了这些规矩对自己和家庭的重要意义，他们才能更容易遵守和维持。有的爸爸在发现孩子犯错后，会不分时间和场合地严肃地批评孩子，完全忽视了孩子的自尊心，面对孩子的解释和需求，也只会简单直接地拒绝，认为那

是孩子在狡辩，使孩子的内心受到伤害。给孩子辩解的机会和权利是尊重孩子的最基本表现。在没有充分了解全部真相之前，爸爸不要对孩子轻易下结论，要给孩子解释的机会。

3. 爸爸以身作则，做孩子的第一任老师

家庭是生命的摇篮，是孩子出生后接受教育的第一个场所，所以爸爸要努力做好孩子的第一任老师，以身作则，让孩子自觉遵守你立下的规矩。

"望子成龙，望女成凤"是所有爸爸的共同期望，然而对于孩子们来说，最好的家庭教育不是爸爸立下的家规，也不是那些上不完的课外班，而是爸爸的言传身教。爸爸在给孩子立规矩的时候，不能只给孩子讲道理，而应首先严格要求自己，从生活中的点滴做起，为孩子做好榜样。如果爸爸要求孩子养成良好的阅读习惯，那么爸爸就要放下手机，自己先拿起书，做一个爱读书的爸爸；如果爸爸要求孩子养成良好的作息习惯，爸爸就要陪伴孩子一起早睡早起。

4. 正向引导将成为孩子的强劲动力

　　我小时候是一个淘气、成绩很差的男孩儿，我的语文老师非常不喜欢我，因为我的语文成绩经常不及格。有一次班会上，语文老师让每个孩子上台说出自己的梦想，轮到我上台时，我非常不自信地说出了自己的梦想："我想成为一名作家。"我听到语文老师笑了一声，虽然那个笑声很小，我却清楚地听到了其中包含的嘲笑和轻视。

　　那天放学回家我一直情绪很低落，爸爸发现后便问我为什么不高兴，我含着泪说出了事情的原委。爸爸摸着我的头说："老师或许因为你的语文成绩不好

而不相信你能成为作家，但是那并不重要，关键是你相信自己吗？"我抬起头，坚定地对爸爸说："爸爸，我一定能成为作家！你相信我吗？"爸爸的表情突然变得异常严肃，他一字一顿地对我说："爸爸相信你！"

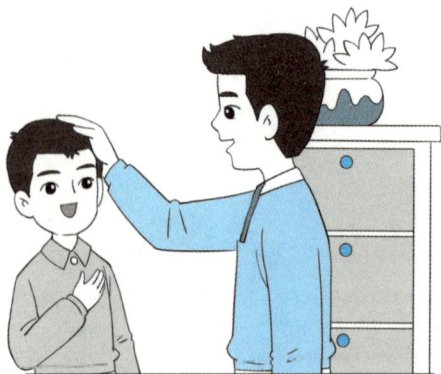

我想，如果当时没有爸爸的及时鼓励和正向引导，我一定不会成为现在的自己。

　　每个孩子都有自己的梦想，这些梦想具有无穷的力量，不仅可以激发孩子的内在潜力，还可以帮助他们创造奇迹。在爸爸为孩子立规矩的过程中，一定要用心呵护孩子的梦想，通过正向引导让梦想成为孩子奋斗的不竭动力。

5. 通过规矩让孩子养成一些良好的习惯

　　爸爸给孩子立规矩的本质就是让孩子养成良好的行为习惯。习惯决定命运，叶圣陶先生曾说："教育就是培养习惯。"在家庭教育中，如果没有树立规矩意识，没有形成良好的行为习惯，不遵守基本的社会规范和道德礼仪，孩子将无法适应群体生活。

在帮助孩子养成良好行为习惯的过程中，爸爸要让孩子充分意识到勤奋的重要性。爱迪生的一句名言强调了勤奋对于孩子的意义："所谓天才，是百分之一的聪明加百分之九十九的勤奋！"在教育孩子的过程中，爸爸经常会这样表扬孩子："你真是太聪明了！"其实这样的做法并不明智，因为聪明是天生的特质，爸爸长期强调孩子的聪明会让他产生优越感，从而忽视努力的重要意义。

正向的竞争意识对于孩子也意义重大，爸爸要让孩子凭借自己的真正实力与他人竞争，让孩子在正向的竞争中变得越来越优秀。爸爸要鼓励孩子勇于挑战自己、战胜自己、超越自己，不断进步。

6. 正面管教的优势

　　苏联教育家苏霍姆林斯基曾说过这样一句话："父母是孩子的第一任老师，父母若放任孩子不管，孩子的恶习一旦养成，学校不知要花多少时间和精力来对他进行'再教育'，这对孩子、家庭和学校都是巨大的损失。"

　　在现实生活中，由于成长环境、学识水平等条件的不同，爸爸对孩子的教养方式大相径庭：有的家庭的规则都由爸爸制定，从不允许孩子参与其中，并且要求孩子绝对服从，否则就会受到爸爸的惩罚；有的爸爸不给孩子制定任何规则，完全让孩子自己选择，毫无规矩可言；还有一些爸爸会对孩子采取正面管教，也

就是在遇到问题时，爸爸会和孩子共同做出对双方都有益的方案，当需要爸爸单独做出决断时，也会充分尊重孩子，以坚定和善的态度维护孩子的尊严和梦想。在这种教育方式下成长的孩子会在学校和社会生活中把握做事的分寸，知道哪些事可为、哪些事不可为。

第五章

爸爸请注意：养育男孩儿和女孩儿有区别

一

再忙也要做个好爸爸，好爸爸让孩子受益终身

对于一个男人来说，到底什么才是最重要的？或许有人会说是事业、友情，但是随着岁月的流逝，我们会发现家庭才是最重要的，不管年轻时候的我们有多风光，不管我们通过打拼获得了多少财富，如果没有一个幸福的家庭，如果自己的孩子没有成才，我们的风光和财富终将成为泡影。

如果让男人自己定义什么是优秀男人，他们可能会把优秀男人描述为事业有成、才华横溢、思想独立的人。但是对于女人和孩子来说，除了以上这些，一个男人的优秀更

体现在他对家庭的责任感上：能否深刻理解家庭的重要性、承担起家庭责任。

在家庭教育中，妈妈的角色备受关注，而爸爸角色的精神力量却很容易被忽略。爸爸在孩子的成长过程中扮演着至关重要的角色，尤其是在孩子内心世界的建设上。爸爸的力量不仅体现在外在的经济支撑上，更体现在他们对孩子性格和情感等方面的深远影响上。如果把妈妈的教育比喻成水滴石穿，那么爸爸的教育就可以称得上是点石成金。

1. 父爱不可替代，再忙也要做个好爸爸

斯宾塞说："父亲是孩子通往外部世界的引路人。在教育孩子的过程中，无论是性格养成，还是情感教育，无论是知识训练，还是道德品质，父亲都有着巨大的影响。"

如果把妈妈比喻成孩子健康成长的沃土，那爸爸无疑就是孩子生命中的璀璨阳光。在家庭教育中，爸爸妈妈分别承担了教育孩子的重要角色，而爸爸的作用是不可替代的。

心理学家通过研究发现，没有获得足够父爱的孩子在长大后出现情感障碍的概率较高，他们普遍会出现自私、任性、孤独、焦虑、不守规矩、自制力弱、攻击性强、缺乏安全感等问题。所以不管多忙，爸爸都要多抽时间陪伴和教育孩子，因为你的爱不可替代。

2. 慢养孩子是一门艺术

有一位教育专家曾说："中国家长的 90% 养育难题都源于'太急了'。""每个孩子都是一朵花，只是开放的花期不同，我们要学会耐心等待。"我们总是担心孩子输在起跑线上，却忘了人生是一场马拉松，而不是百米冲刺。

我们必须意识到：大多数孩子是普通人，我们的孩子也一样。但普通不意味着平庸，也不代表他们不能获得幸福和成功。因为每个孩子都有自己独特的闪光点，这需要我们去发现、培养。

　　慢养不是故意"慢"，而是爸爸在尊重生命、有耐心、不盲从的基础上，不急功近利，让孩子按自身的成长规律一点儿一点儿地成长。慢养更不是对孩子放任自流，它不仅是一种深思熟虑后的教育策略，更是一门艺术，对爸爸提出了更高的要求：它要求爸爸有足够的耐心和细心，不急于求成，俯下身来，陪伴孩子成长。

3. 忙里偷"懒"，给孩子充分的自由发挥空间

　　蒙台梭利曾指出："儿童通过自立获得身体的独立；通过自由地使用其选择能力获得意志上的独立；通过没有干扰的独立工作获得思想上的独立。"孩子只有通过自己的行动、感受和思考才能解开这个密码。孩子天生就具有对这个世界的好奇心，他需要通过自身的体验与感知来探索和了解世界，爸爸的过度限制和保护将剥夺孩子探索世界的自

由和兴趣。

　　生活中，我们经常会看到这样的场景，孩子想尝试自己拿高处的东西，爸爸会立刻把东西拿下来放在孩子的手里，怕孩子受伤；下雨了，孩子兴奋地想去踩水坑，爸爸立马制止。著名教育家陶行知说："要解放孩子的头脑、双手、双脚、空间、时间，使他们充分得到自由的生活，从自由的生活中得到真正的教育。"所以爸爸不妨偶尔选择"懒"一些，"懒"不是指对孩子的教育和成长不负责任，而是爸爸懂得教育孩子的核心所在。在爸爸的陪伴下，孩子有充分的自由和空间去发挥自己的创造力，他们的成长之路将充满快乐与意义，从而能更加自信地面对未来的挑战。

4. 爸爸独有的"角色力"让家庭更加幸福

　　什么是角色力？它是指一个人在对自己的角色功能认知清晰、情感认同的前提下，去践行角色的权利和履行义务时必需的能力。爸爸的"角色力"是为了完成父亲的职责、成为理想爸爸所必需的能力，这样的能力是可以通过培养形成的，爸爸的"角色力"越强，家庭成员就会越幸福。

我把爸爸的"角色力"概括为两方面，分别是担当力和榜样力。

爸爸的担当和格局决定他的孩子能飞得多高、走多远。爸爸是陪伴和帮助孩子走向独立并勇于负责的人，爸爸的担当力就是让孩子从对母亲的过度依赖中分离、独立出来，让男孩儿像个男子汉，让女孩儿更具自立精神。

爸爸的榜样力不仅仅是爸爸为孩子展示如何解决问题，还包括告诉孩子如何承受失意，如何在逆境中保持坚定的信心。当孩子看见自己的爸爸以冷静和稳重的态度面对困难时，这种榜样力将潜移默化地成为孩子内心的一部分，让他们在现在和未来的生活中更加坚忍、坚定和坚强。所以爸爸在家庭中不仅是物质的支柱，更是精神世界的引导者。

二

爸爸教儿子
如何做一个有担当的男人

我的外甥宁宁是一个特别淘气的男孩儿，他的爸爸志凯从他出生那天起就变身为"超级奶爸"，承担起孩子的一切事项。他的妻子、我的妹妹小雅只负责享受温馨的亲子时刻，因为所有孩子带来的困扰和琐碎都被孩子爸爸及时处理了。从宁宁会走路开始，只要天气好，志凯就会带着孩子出去玩，随着孩子越来越大，他们的活动范围和活动项目也逐渐扩展，篮球、足球、乒乓球、攀岩、游泳、探险，宁宁每天的生活都很充实，除了掌握了各种技能，他的身体素质也特别好，与人沟通的能力也超越了同龄人。现在宁宁已经10

岁了，除了学习成绩优异，他的领导力也超越了同龄人，不管是在班级里，还是在小区里的孩子群中，他都是最受欢迎和信赖的人。不管是学习、运动还是各种活动，他都能带领同学和朋友勇敢、自信地面对一切问题。

我的对门邻居是一家三口，爸爸常年在国外出差，每年在家待的时间加在一起都不超过一个月，孩子闹闹由妈妈一手带大。因为觉得亏欠孩子，闹闹的妈妈十分宠爱他，把他保护得特别好。在小区游乐场里，其他孩子的妈妈都在一旁聊天儿，只有闹闹的妈妈跟在闹闹身边，全程保护闹闹，如果闹闹和其他小朋友产生了小矛盾，闹闹妈妈会第一时间出面处理，不让闹闹受一点儿委屈。只要是妈妈觉得有危险的活动，她就绝对不允许闹闹参加。在闹闹6岁那年，他成了一名小学生，上学一个多月后，闹闹就哭着不想上学了。刚开始妈妈还以为学校有人欺负他，详细了解后才知道，

由于闹闹被保护得太好，他不知道如何与同学正常相处。妈妈觉得自己的天塌了，连忙带着闹闹去看心理医生。医生了解了闹闹和闹闹家里的具体情况后，只给闹闹开了一个药方：让爸爸回来，承担起养育男孩儿的责任！

大学毕业后，男孩儿小刚经过朋友介绍认识了女孩儿雯雯，相处一段时间后，两个年轻人走进了婚姻的殿堂。结果刚过了一年，雯雯便提出了离婚，小刚十分委屈，觉得自己没有任何问题。原来婚后的小刚并没有承担起一个男人应该承担的家庭责任，每天都约朋友打牌、喝酒，家里的一切都靠雯雯打理。当雯雯向小刚抱怨时，小刚只会批评雯雯："女人就该做这些呀，我的爸爸妈妈这么多年就是这么过的，我妈从没有过任何怨言，就你事多！"原来小刚的爸爸就没有家庭责任意识，只顾自己玩乐，根本不管家庭和孩子。在这样环境下成长的小刚根本不知道什么样的家庭才是正常的，更不知道男人应该承担的责任。

只要我们细心观察就会发现，那些在爸爸陪伴下长大，且爸爸对家庭充满责任感和爱的男孩儿，会在性格、品质和家庭责任感方面具有显著的优势。而缺少父爱的男孩儿在长大后会在学习、社交、婚姻等多方面出现偏差和问题。

爸爸对男孩儿的影响主要体现在以下几方面。

1. 增强男孩儿的独立性

我们会发现，男孩儿有爸爸陪伴的时间越多，他们的独立性和社会适应能力就会越强。与妈妈的亲力亲为式养育方式不同，爸爸的粗放式养育方式能够给男孩儿提供更多的机会去试错和成长。在孩子交流、玩耍的过程中，爸爸会将男孩儿当作更独立的个体，让他们像个小男子汉一样长大。

2. 安全感的建立

有爸爸陪伴长大的男孩儿会有充足的安全感，这份安全感正是男孩儿自信的主要来源。所以我们会在生活中发现不同类型的男孩儿：有的男孩儿在任何场合都落落大方、不卑不亢，而有的男孩儿却总是唯唯诺诺、十分拘谨。其实没有天生勇敢的孩子，也没有人天生就懦弱，最根本的原因就是孩子在成长的过程中没有得到足够的安全感。爸爸的陪伴会让男孩儿更加自信勇敢。

3. 让男孩儿充满阳刚之气

长期缺乏父爱的男孩儿因为受妈妈的女性性格影响偏多，容易变得软弱、娇气、不自信、不勇敢，爱使小性儿、耍脾气，缺乏阳刚之气。每一位爸爸都是孩子心目中的英雄，对男孩儿来说尤其如此。爸爸是男孩儿生命中第一个出现的男人，爸爸身上的气质、男子汉气概是男孩儿对男性的最初理解，男孩儿的男子汉气质是通过模仿父亲获得的。爸爸在生活中展现的刚毅、果敢、有责任心等特质，会被男孩儿们看在眼里、记在心中，并逐渐内化为自己男性气质的一部分。心理学家指出：与那些不到6小时的男孩儿相比，每天与父亲接触不少于2小时的男孩儿更有男子汉气质，他们在从事各种社会活动时更加开放，更具有进取和冒险精神。

4. 塑造性别认同

　　我遇到过一个初中的男孩儿，他总喜欢跟女孩儿一起玩，很少与其他男孩儿有交集。通过咨询心理医生，妈妈终于发现了问题的根源：这个男孩儿的性别认知发生了错位。原来这个男孩儿生活在一个"丧偶式育儿"的家庭中，爸爸经常缺位，而妈妈又特别宠溺他。这样特殊、畸形的养育方式导致的直接后果就是由于缺少爸爸的榜样作用，男孩儿在性别认知方面出现了偏差，他不像其他男孩儿那样充满冒险和竞争精神，而是缺少阳刚之气。

　　爸爸是男孩儿在成长过程中接触到的第一个男性榜样。爸爸的行为、态度和价值观会对男孩儿的性别认同产生深远的影响。一个合格的爸爸会让男孩儿在潜移默化之中学会尊重女性、承担男性应有的责任。

三

爸爸与女儿的关系影响女儿一生的幸福

爸爸对女儿的影响不仅体现在经济和物质上，更体现在爸爸对她们的情感支持、教育方式和价值观的传递上。一个关爱和支持女儿的爸爸会给她带来无限的安全感和自信心，使她在未来追求自己的幸福的过程中拥有更多的勇气和动力。好爸爸是女儿的榜样，能够塑造女儿的人生观和态度，并为她们提供实现梦想的支持与鼓励。《爸爸是座山》的作者梅格·米克说："父亲比其他任何人对奠定女儿的人生轨迹都重要得多，是女儿一生中真正的'靠山'。"一个好父亲不仅是女儿成长中的靠山，还会影响女儿一生的幸福。

我的大学同学小雨是一个非常善良漂亮的女孩儿。她柔弱的性格之中带有一些自卑，当其他女孩儿在大学校园里尽情展示自己的时候，小雨总是默默地在一旁观看。其实以她的能力和相貌，她一定可以成为校园里十分耀眼的人物，可惜她总是没有信心走到大家面前展示自己。

小雨的善良和美丽让我在不知不觉之中喜欢上了她，而且我能感觉到她也喜欢我。成绩优异、长相帅气的我在校园里是其他女孩儿的追求对象。经过一系列的心理斗争，我终于鼓起勇气向小雨表白，我以为她一定会答应做我的女朋友，但结果却让我大失所望，她像个惊慌的小兔子，从我向她表白那天起就躲了起来。我为自己的一厢情愿难过了好久，直至毕业，我们也未曾有过任何交集。

不久之前的同学聚会上，我从其他同学那里得知了小雨的近况，自卑的她在工作之后也表现平平，因为没有信心展示自己，她一直是单位里的"小透明"，失去了很多晋升的机会。听同学描述完她的事业，我已经迫不及待地想知道她的婚姻状态，我猜想即使事业不顺，她也一定会找到一个如意的爱人，毕竟她是那么善良和美丽，我希望她过得幸福。结果同学的讲述让我的心跌落谷底：她在前年离婚了，因为她的前夫不但整天无所事事，对家庭和孩子不管不问，还在争吵中动手打了小雨。听了小雨的近况，同学们都唏嘘不已，大家不明白为什么小雨会过得这么不幸。

一个了解小雨原生家庭的女同学说出了她的想法，让我恍然大悟：小雨的爸爸是一个酒鬼，在小雨小的时候，她爸爸经常打骂小雨和她的妈妈，所以长大后的小雨自卑懦弱，潜意识里认为自己不配拥有幸福。我也终于解开了这么多年的心结：我想我当年的判断并没有错，她是喜欢我的，只是自卑的性格让她将自己的幸福拒之门外。我在心里为小雨感到可惜，如果她出生在一个正常的家庭，她就不会如此自卑，不会有这样深入骨髓的"不配得感"，那么她的人生一定会和现在天差地别。

一位心理学家曾说："父亲与女儿的关系决定了女儿一生的幸福。"《父亲塑造女儿的未来》一书中写道："父亲树立了一个男人呵护女人的标准。"

1. 女孩儿将来会嫁给什么样的人，看她的爸爸就知道了

爸爸是女儿生命中的第一个男性角色，爸爸的行为和特质一定会对女儿的婚恋观产生深远的影响。如果爸爸在家庭中暴躁、冲动，甚至有家暴行为，那么他的女儿就可能对婚姻产生恐惧感，或者对婚姻失去信心。心理学研究表明：爸爸在女儿成长过程中的作用是不可替代的。女儿的性格和婚恋观在一定程度上受妈妈的影响，但女儿的婚恋观主要取决于她的爸爸。

如果爸爸是女儿眼中的英雄，她们会将爸爸作为婚姻对象的标杆。如果爸爸有责任感、忠诚、关心家庭，女儿就会倾向于寻找与爸爸相似的男性结婚。因为从小就感受到家庭的温暖和幸福，这些女孩儿对婚姻抱有积极的期待。相反，如果爸爸缺乏责任感，不爱自己的家庭，女儿会对爱

情和婚姻失去信心和期待，还会在与男性的接触中感到自卑，觉得自己不配拥有幸福。

2. 爸爸影响女儿的性格

作家梅格·米克曾说："在这世上，相比其他任何人，父亲才是奠定女儿人生轨迹的人。"

爸爸与女儿的互动对女儿的性格发展有着重要影响。大部分爸爸通常更偏向于理性和逻辑思考，因此与妈妈们不同，他们与女儿的交流往往更注重于解决问题和传授技能。这种互动方式有助于培养女儿独立思考、解决问题的能力，能够培养女儿理性、务实的性格特质。

同时爸爸对女儿的情感支持也是塑造女儿性格的关键因素。爸爸的爱和关怀能够让女儿获得自信和安全感，从而更加勇敢地面对生活中的挑战和困难。如果爸爸能够在女儿成长的关键时期及时给予她们足够的支持和鼓励，女儿往往会更加坚忍、坚强、自信，更有勇气追求自己的幸福和梦想。

相反，如果爸爸在女儿的成

长过程中经常缺席或表现消极，就会对女儿的性格发展产生负面的影响。在生活中我们会发现，缺少爸爸陪伴、鼓励和爱的女孩儿在长大后可能会表现出懦弱、自卑、敏感、焦虑等性格特点。

所以爸爸应该认识到自己对女儿性格的影响，积极地参与到女儿的成长中，努力成为女儿的榜样，向自己的女儿传递积极的价值观和生活态度。

3. 爸爸塑造女儿的气质

我的同学莉莉是一位非常优秀的女性，独自创业的她在商海里叱咤风云。莉莉虽长相普通，但非常自信，拥有特别强大的气场，只要有她在的地方，大家的目光都会不自觉地被她深深吸引。在接受经济杂志记者访谈的时候，记者问她为什么如此自信，哪怕在她的公司陷入绝境的时候，她依然精气神十足，没有丝毫退缩和畏惧。莉莉笑着说："你不是第一个问我这个问题的人，甚至我也曾问过自己同样的问题，并且为这个问题思考了很久，最后得出的结论是因为我的爸爸。从小我就是一个普通的女

孩儿，长相普通，智商普通。但是在爸爸眼中，我就是最优秀的，他会在任何时间任何场合随时随地地夸赞我，在他的眼中，我看到了他以我为荣。渐渐地，我也认为我是最棒的，我值得拥有一切美好的东西。"

有数据显示：43% 的女孩儿从爸爸那里继承艺术天赋；超过 25% 的女孩儿在成年后认为自己的服装品味来自自己的爸爸；53% 的成年女性认为自己的历史、自然科学等女孩儿比较不感兴趣的学科知识是从爸爸那里获得的。爸爸对于女儿气质的形成起到关键的塑造作用。

第六章

爱的奇迹：
爸爸的蜕变与成长

一

每个孩子都是天使，爸爸不要封印他们的翅膀

尹建莉老师在《最美的教育最简单》里说："在教育中，自由就是空气，看不到摸不着。你可以不去关注它，甚至可以不承认它，但绝不能缺少它。没有自由就没有教育，一个人，必须首先是自由的人，才可能成为一个自觉的人——自由不是信马由缰，自由是一种可以舒展的空间，是一种能够托举的力量，它能让孩子有能力去选择，并且有能力抵抗活动中的一切虚假和脆弱。"

德国教育学家第斯多惠曾说："应当考虑到儿童天性的差异，并且促进其独特的发展，不能也不应使一切人都成

为一模一样的人，并教以一模一样的东西。"在《童年的力量》一书中，作者强调童年对一个人的重要性，每个人在一生中都会经历很多痛苦和磨难，但童年对每个人来说却是最重要、最有力的，美好的童年可以治愈一生，不幸的童年则需要用一生来治愈。《小王子》一书中有一句话让我印象深刻："所有的大人都曾经是小孩儿，虽然只有少数的人记得。"就算我们忘记了自己曾经是一个快乐的小孩儿，也要尽力保卫孩子的纯真童年，时刻提醒自己，每个孩子都是天使，爸爸不要做封印孩子翅膀的人，而是要拼尽全力让他们的童年有快乐，有泪水，有遗憾，有争取，有拼搏……让他们早日振翅飞翔，创造生活的美好，追求自己的幸福。

1. 拒绝粗暴，"狼爸"对孩子的伤害力十足

在我国的传统教育观念中，"严父慈母"的形象根深蒂

固，妈妈就该温婉柔美，爸爸则应该是严厉、伟岸的形象，所以很多爸爸都认同"狼爸"的教育模式。

即便当今社会日新月异，仍有许多爸爸坚信"棍棒底下出孝子"。希望"狼爸"们能够尽早意识到：这种粗暴的教育方式非但不能起到良好的教育作用，还会严重地摧残孩子的心灵。真正的教育需要爸爸用爱来交换爱，用信任来交换信任。"狼爸"的教育方式是在告诉孩子：当他人的需求与你的需求发生冲突时，无力或顺从是唯一的解决之道。在如此教育环境下长大的孩子，当他们面对人际关系冲突时，也可能会选择用武力解决问题。

教育家爱德华认为：爸爸的手应该充满关爱和温暖，而不是让孩子感到陌生和恐惧。一个在恐惧中长大的孩子会在生活中表现出各种负面行为。爸爸在教育孩子的时候，最重要的是把他们当成与自己平等的人，并给予他们无限的关爱，事实证明，如果爸爸用暴力、恐吓、谩骂、居高临下的态度教育孩子，会让孩子产生逆反心理。

2. 有父则刚，好爸爸可以培养孩子良好的心理素质

（1）让你的孩子有底气抬起头走路

当孩子能够抬起头走路的时候，他的内心一定十分强大，他会给自己积极的心理暗示，对自己说："你可以的！""你一定可以做到！""你是最棒的！"所以拥有这样心态的孩子一定会在学习和生活中表现优异，自信又阳光。可是现实情况是很多孩子缺乏自信心和底气，并且形成恶性循环，渐渐被自卑所笼罩。

爸爸要在生活中善于发现并及时肯定孩子的优点，因为这是孩子充满自信、不断进步的力量。通过刻意地让孩子承担一些责任、培养孩子的特长、设立合乎孩子能力的目标等方式锻炼孩子的能力，让他们在这个过程中获得自信，渐渐形成"我可以""我能行"的心理暗示，进而逐渐形成积极向上的动力，变得越来越自信。

（2）嫉妒是花丛中的杂草，爸爸要帮孩子拔除

嫉妒是一种普遍但不正常的心理，它披着"好胜心"和"进取心"的外衣，对孩子的心理和行为十分有害，它们就像孩子心灵花园里的杂草，必须尽快拔除。正常的好胜心和进取心是积极的，当别人比自己优秀的时候，孩子会用心找到自己的不足之处，创造条件让自己不断进步，超越别人。而具有嫉妒心的孩子喜欢怀疑，以自我为中心，甚至采取过激的错误行为。

爸爸要培养孩子分析思考问题的能力，让孩子客观地看待和分析问题，能够正确地认识自己和他人。比如在日常生活中，爸爸要陶冶孩子的情操，培养孩子博大的胸怀，使他们敢于拼搏和竞争。

（3）宽容让孩子自信洒脱

我们通过名人事例和身边的案例可以发现，宽容的人

一定活得自信洒脱，有着宽广的胸怀和智者的智慧，这些对于孩子的发展十分有利。宽容不仅能让孩子处理好当下的人际关系，更能为未来的成功和幸福打下坚实的基础。

那么如何让孩子拥有一颗宽容的心呢？首先可以让孩子学会换位思考，也就是当孩子和身边的人产生矛盾的时候，让孩子试着站在对方的立场思考问题，这样孩子将更加理解对方，从而认识到：金无足赤，人无完人，每个人都有缺点和不足，在和他人相处的时候不应求全责备。

（4）告诉孩子：大度的人更受欢迎

数学家哈代说："不能宽恕他人，就是拆掉自己要过的桥。"宽容大度的品质对于孩子的未来发展具有非常重要的意义。爸爸要告诉孩子，不要总是以自我为中心，要学会尊重和理解他人，与朋友相处要相互关心、共同进步，与师长相处要理解尊重，体谅长辈的辛苦付出。爸爸要让孩子学会包容他人，比如在学校，同学弄坏了他的文具，他是会斤斤计较、不依不饶，还是会大度地接受同学的道歉？爸爸要让孩子在日常生活中体会大度为自己生活带来的改变：

会让自己更受欢迎，收获更多的友谊。

（5）懂得适当忍让也是一种良好的教养

让步不仅是一种境界，更是一种智慧。

一位音乐家曾说："忍耐之树是苦的，但最终会结出甘甜而柔软的果实。"俗话说：忍一步风平浪静，退一步海阔天空。忍让是一种积极的人生态度，懂得忍让的孩子一定是一个有教养的孩子。爸爸要告诉孩子：君子忍人之所不能忍，容人之所不能容，处人之所不能处。

爸爸要为孩子营造民主平等、轻松愉快的家庭氛围，一个整天争吵不休的家庭难以养育宽宏大量、懂得忍让的孩子。同时爸爸要摆正孩子在家庭中的位置，不要娇惯孩子，不给孩子特权，锻炼孩子的克制力。

（6）学会欣赏让孩子更豁达

"海纳百川，有容乃大。"

雨果说："世界上最宽阔的东西是海洋，比海洋更宽阔的东西是天空，比天空更宽阔的是人的心灵。"爸爸要让孩子像大海那样海纳百川，正确地欣赏他人。在孩子挑剔地指出其他人的缺点时，爸爸一定要及时正确引导，不要让孩子总是盯着别人的缺点，而是要在别人身上发现值得自己学习的闪光点，从而让自己不断进步。

现在的孩子是每个家庭的宝贝，因为他们平时在家里听到的大多是赞美，从而让他们的自我意识发展得过快，不懂得欣赏他人，所以爸爸要引导孩子学会虚心，这样不但有利于他们形成健全的人格、健康的心态，还会让他们形成健康积极的人际关系。

3. 个性教育让孩子成为自己

很多爸爸都十分关注孩子的教育问题，层出不穷的教育理念和教育方法让爸爸眼花缭乱，似乎每一种教育方法都有自己的独到之处，所以爸爸们便会把现成的教育方法直接运用到自己的教育之中。这样的爸爸忽略了一个问题：每个人都是独一无二的，正如我们每个人的指纹是独一无二的一样，每个孩子的性格、个性、特长、能力也都不同。爸爸要在与孩子的个性化互动中，影响和引领孩子的成长，最终让孩子形成完善的人格、健全的个性，所以我认为个性化教育应该成为贯穿家庭教育始终的基本问题。

个性教育就是爸爸围绕孩子的个体特点，为孩子提供适合他的教育。爸爸要在尊重孩子个体差异的基础上，围绕孩子个性特征，发展孩子的优势潜能，鼓励和支持孩子发展的多样性和创造性，因材施教，从而让孩子成为更好的自己。

（1）因材施教，发展孩子的特长

世界上没有两片完全相同的树叶，同样，世界上也没有两个完全相同的孩子。有的孩子安静、有耐心，喜欢独立思考，善于观察和探索，在科研方面有很大的潜力，可以在科学、数学、技术等领域发挥所长。对于这样的孩子，爸爸可以为他们提供安静的学习环境，鼓励他们阅读、尝试、观察，培养他们的独立思考能力和动手能力。有的孩子天性好动，有气魄，有胆识和超凡的组织能力，这样的孩子适合从事领导、管理、策划等职业。对于这样的孩子，爸爸要鼓励他们积极参与学校的社团活动、志愿服务等，以此锻炼他们的领导力、组织力和号召力。

爸爸需要与孩子建立良好的沟通和互动关系，认真耐心地倾听他们的真实想法和感受，只有当孩子感到被尊重和理解时，他们才会更愿意向爸爸分享自己的成长和发展。在这个过程中，爸爸可以更好地发现孩子的特长和兴趣点，从而给予适当的教育、引导和支持。

（2）淘气也是一种个性，爸爸不该打压

卢梭在《爱弥儿》中说过："遵循自然，跟着它给你画

出的道路前进。它在持续不断地锻炼孩子；它用各种各样的考验来磨砺他们的性情；它让他们从小就知道什么是烦恼和痛苦。通过这些考验，孩子便获得了力量；一旦他们能够运用自己的生命时，生命的本原就更坚实了。"

冰心曾说："淘气的男孩儿是好的，调皮的女孩儿是巧的。"儿童心理学家将淘气称作"建立在探索欲望上的行动"，因此爸爸应珍惜孩子的好奇心，宽容孩子小小的破坏行为，给孩子提供宽松、安全、合理的环境，鼓励孩子参与各种尝试，支持孩子积极主动地探索事物的奥秘，发现淘气个性中蕴含的独特魅力，并予以欣赏和鼓励。

（3）不合群的孩子也有自己的优势

在一些家长眼中，"合群"是评价孩子性格的一个重要指标。爸爸希望自己的孩子合群，这样才能在人际关系中游刃有余。其实不合群有时在一定程度上体现了孩子有着独立的思想、明确的目标、坚定的信念，这些特质在未来激烈的竞争中是非常宝贵和有价值的。

二

孩子的生命有无限可能，带着孩子做好充足准备

著名儿童心理学家皮亚杰曾说过："孩子的潜能是个巨大的宝库，要仔细观察和发现，懂得开发。""教育的主要目标在于造就能够创新、创造、发明和发现的人，而不是简单重复前人已做过的事情。"

心理学家罗伯特·罗森塔尔通过实验证明了一个现象：一个人对另一个人行为的期望成为自我实现的预言。罗伯特·罗森塔尔从一个班级中随机挑选部分学生，告诉教师这些学生拥有过人的智力水平，极具发展潜能，但要对其他人保密。一段时间后，经过测试，罗伯特·罗森塔尔发现这些被随机选中的学生成绩进步很大，且变得十分自信、积

极。根据实验结果罗森塔尔得出这样的结论：教师对学生形成的期望使学生的学习成绩和行为表现向符合该期望的方向发展 。这一心理学现象对于爸爸教育孩子具有积极的启示作用：如果你对孩子有所期待，可以通过以真诚的态度对待孩子，并给予其由衷的赞赏，从而调动其积极性，促使其朝着自己所期望的方向发展，这份期待或许就会成真。

"每个孩子身上都蕴藏着巨大的、不可估量的潜力。每个孩子都是天才，宇宙的潜能隐藏在每个孩子心中。"如果孩子生活在一个民主、和谐、幸福的家庭中，那么他就可能思维活跃、想象力丰富。如果一个孩子生活在"专制型""控制型"的家庭中，那么他的思维和创造力就会受到压制。每个孩子身上都有巨大的潜能，爸爸需要做的就是为孩子提供轻松快乐、有利于孩子学习和开发潜能的成长环境，帮助他做好各方面的充分准备，发挥自己的无限潜力，成为更优秀的人。

1. 教子以德：让美好的道德奠定孩子发展的坚实基础

（1）引导孩子做一个诚实的人

陶行知曾说："千教万教教人求真，千学万学学做真人。"孟子曰："诚者，天之道也；思诚者，人之道也。"富兰克林也非常重视诚信："失足跌倒，你可能马上再站立，失去诚信，你也许永远难以挽回。"

我们都知道，诚实是做人的根本。爸爸要在日常生活中引导孩子做一个诚实的人，面对孩子的撒谎行为要严肃对待，不能以"童言无忌""他还是个孩子"为借口，对孩子的错误行为视而不见。

（2）鼓励孩子知错就改

爸爸要让孩子知道，每个人都会犯错，犯错并不可怕，可怕的是不敢面对自己的错误，不能做到知错就改。当孩子本意正确但方式错误的时候，爸爸首先要对孩子的本意进行表扬和欣赏，其次和孩子一起分析错误发生的原因；当孩子的本意错误时，爸爸就要严肃地对待，不能只针对这一次错误，而是要针对孩子的思想进行教育，让孩子能够端正思想，帮孩子认识错误的危害，及时改正。

（3）爸爸不要向孩子轻易许诺

爸爸教育孩子要诚实守信，自己就要比孩子做得更好，这样在教育孩子的时候才更具有说服力，孩子也能发自内心地接受爸爸的教育。爸爸不要轻易向孩子许诺，因为有的许诺不容易做到，有的许诺会因为其他事情的干扰而无法兑现，而如果爸爸不能兑现自己的承诺，那么爸爸在孩子心里的威信就会大大降低。

2. 良好的行为习惯让孩子成为自律的人

"习惯养得好，终身受其益。""少成若天性，习惯如自然。"习惯是通过行为的不断重复而逐渐固定的，良好的行为习惯对于孩子的意义不言而喻，它们可以让孩子成为自律的人。

　　良好的行为习惯可以培养孩子的自律能力，因为它们不仅是简单的行为规范，更是一种内在的自我约束和管理能力。无论是按时完成作业、保持房间整洁、遵守行为规则，还是养成健康的作息时间和阅读习惯，都需要孩子自觉地坚持和执行。在孩子通过重复这些良好的习惯养成自律的品质后，当在学习和生活中遇到困难、挫折、诱惑时，他们能够更加坚毅，有能力做出正确的选择，这对于孩子的成长和未来发展具有重要的意义。

　　想让孩子养成好习惯需要爸爸付出时间和耐心，同时也要给予孩子积极正向的引导和支持，必要的时候还需要爸爸对孩子进行强制训练。因为在一些特定的时期，光有教育和引导是不够的，当爸爸看到孩子的某些不良行为习惯时，必须对孩子进行强制改正。比如有的孩子出现说谎、偷东西、骂人、说脏话等不良行为时，爸爸就要通过各种教育手段强制要求孩子改正。

在孩子遇到困难或挫折时，爸爸应该鼓励孩子勇敢面对，帮助他们找到解决问题的方法，将好习惯和自律的品质坚持下去。

3. 高情商让孩子拥有好性情

有的爸爸只关注孩子的成绩，认为智商高的孩子最优秀，其实情商也是决定孩子未来能否成功的关键因素。那什么是情商呢？它是指个体在情感层面的认知、理解、表达和管理能力。与传统的智商相比，情商更注重人际关系、合作、沟通等方面的能力。情商并不是天生的，而是在后天的培养和教育中逐渐形成的，所以爸爸要格外重视对孩子的情商教育，因为孩子的智商我们无从插手和改变，而情商的高低却可以由我们亲手培养。

儿童心理学家的研究显示，3~12岁是孩子情商培养的关键时期，这时期的情商教育能够影响孩子一生。如果孩子在这一时期得到良好的情商训练和教育，那么他们未来不管是在学习上，还是在今后的工作中，都能表现得更优秀和突出。

爸爸可以通过培养孩子的自我控制能力、交往能力、情绪控制能力等方面对孩子进行情商教育，同时要注意引导和帮助孩子树立积极的自信心。

4. 能力教育为孩子提供无限可能

我们都说孩子的未来有无限可能，但是如果没有做好充分的准备，孩子就无法面对激烈的竞争和社会的快速发展。爸爸需要做的就是在孩子成长的过程中为他们提供各方面能力的教育和培养。如果把孩子的一生比喻成一场战争，那么爸爸对孩子各种能力的培养过程就是给孩子提供各种装备，让他们武装自己、无坚不摧。

（1）沟通表达能力

优秀的沟通表达能力能够让孩子真实地展现自己各方面的能力，起到锦上添花的作用。我们身边有很多人，他们在一些领域具有很强的能力，却因为沟通表达能力较差而错失了很多机会。不管是在学校里和老师同学交流，在家里和爸爸妈妈沟通，还是未来走入职场，良好的表达能力都能为孩子加分。在生活中，爸爸可以为孩子多提供表达的机会，比如在给孩子讲完一个故事之后，可以鼓励孩子将故事复述一遍，这既是对语言表达能力、概括能力的提升，也能锻炼孩子的记忆力；在家庭聚餐中，可以鼓励孩子说一些祝福语，发表自己的见解；鼓励孩子积极参加学校组织的各种演讲比赛、朗诵比赛，这些都有助于孩子语言表达能力的提升。

（2）时间管理能力

良好的时间管理能力不仅可以帮助孩子高效地安排自己的学习和生活，还可以让他们的学习和生活更有计划性和条理性，让他们更从容地掌控自己的生活，减少拖延和时间的浪费。从长远看，时间管理能力也可以帮助孩子有计划地规划自己的未来，朝着自己设定的目标自信地前进。

想让孩子提高时间管理能力，爸爸就要给孩子提供足够的自由和空间，不要过多地干涉孩子，让他们按照自己的意愿行事。同时，家长也要注意给予孩子足够的支持和鼓励，引导孩子学会自我评估和反思，帮助他们更好地掌握管理时间的技巧。同时，爸爸也可以让孩子对自己的时间管理能力进行评估和反思，了解自己的优点和不足之处，并引导他们寻找改进的方法和措施。

（3）独立生存能力

　　我的同学梓阳最近非常苦恼，聚会的时候愁眉不展，我笑着打趣他："你还有什么烦恼哇！孩子刚考上重点大学，现在最幸福的就是你啦！"听我这么说，梓阳的眉头皱得更紧了。本来孩子高考取得好成绩、考入重点大学是全家的骄傲和自豪，结果这一切都从孩子踏入大学的校门那一刻结束。因为梓阳一家一直对孩子的教育理念是"成绩大于一切"，所以夫妻二人对孩子十分宠爱，包办了孩子的一切事务：

孩子从小到大没有自己洗过一次袜子，每天洗漱时的牙膏都是妈妈给他挤好的。步入大学后，孩子根本无法独立生活，每天都哭着给妈妈打电话。

爸爸要重视孩子独立生存的能力，否则当孩子离开父母步入社会的时候，他会因为缺乏独立生存能力而痛苦、自卑。在日常生活中，爸爸就要有意识地鼓励孩子做一些力所能及的事，自己洗袜子、刷碗，这些小事既能锻炼孩子的动手能力，又能增强孩子对家庭的责任感。

5. 创造力是孩子成才的重要基石

"凡是人才总是有突出的创造力，敢于不断创新。人云亦云的，不是人才。"创造力既是一种思考的能力，也是一种发散性思维，它既可以是与生俱来的，也可以通过教育训练将天赋的创造力引导并启发出来，创造力是孩子成才成功的基础。

　　思维能力的提升能够大大激发孩子的创造力。爸爸要在日常生活中有意识地锻炼孩子的思维能力，让孩子养成爱动脑筋的习惯，可以通过有意识、有目的的经常性提问，引导孩子独立思考，或者与孩子一起寻找解决问题的方法。当孩子通过积极思考解决问题后，他的自信心会得到充分的提升，思维能力和创造能力也会同时得到提升。

　　创造力和孩子的实践活动密切相关。教育学家苏霍姆林斯基说："儿童的智力在他的指尖之上。"爸爸要鼓励孩子多参与实践活动，动手创造。在孩子的成长中，他们会经历很多"第一次"：第一次自己吃饭、第一次独自拆卸玩具、第一次放风筝、第一次看见彩虹……这些都是孩子了解事物本质的过程，爸爸要鼓励孩子积极尝试，满足他们的求知欲，锻炼他们的创造性思维。

三

亦父亦友，爸爸要学会与孩子零距离沟通

有一天女儿放学后非常兴奋地拿出自己的作文本给我看，看到作文题目后，我非常自豪又夸张地念出了题目："他是爸爸，也是老师，更是我的好朋友！"女儿被我夸张的语调逗笑了，笑过之后她靠在我的肩膀上，继续为我读她的作文。那个幸福的场景经常出现在我的脑海中，每每想起都让我觉得非常骄傲，因为我在这篇作文里感受到了女儿对我的信任和肯定。

平时我和女儿的相处模式让很多亲戚感到费解，女儿会直呼我的大名，会因为和我争论一件事拍案而起，会在

我失约后几天不理我。这些在亲戚朋友眼中都是我教育失败的表现，在他们的教育观里，爸爸要对孩子保持权威的姿态，孩子要对爸爸毕恭毕敬。

　　爸爸希望孩子能一直依赖、信任、喜欢自己，但是随着孩子慢慢长大，孩子与爸爸之间的距离似乎越来越远，爸爸不知道孩子在想什么、需要什么，那种深深的无力感让爸爸只能用越来越暴躁的脾气宣泄自己的压抑。如果你能静下心来复盘一下自己与孩子的相处模式，就一定能知道孩子为什么和你越来越疏远。当与孩子的意见发生冲突时，你总是用爸爸的权威让自己获胜；当孩子犯错误时，你不愿意和孩子一起承担和补救，总是用嘲笑讥讽的态度证明孩子错了。这样的相处模式和情感关系只能把孩子越推越远。

所以我们要放下姿态，走下自己搭建的"神坛"，俯下身，用心感受并倾听孩子最真实的想法，做孩子的老师、朋友和值得信赖的人，这样孩子才愿意走向你、亲近你，与你零距离沟通。

1. 在批评孩子之前，请先让自己情绪平稳

不管孩子犯下了多么严重的错误，爸爸都要保持冷静的头脑、理智的思维、稳定的情绪，不能在情绪异常的状态下批评孩子。一位教育家曾说："父母批评教育子女，靠强制压服是行不通的，只有给孩子充分的说话机会，他们才能剖析自己的行为，触及灵魂的最深处，才能使其心服口服。"爸爸要在批评孩子之前了解事情的起因和经过，站在孩子的角度考虑问题，不要冤枉孩子。

如果爸爸和孩子对某一件事产生了分歧，不能仗着爸爸的身份强迫孩子妥协。在一些生活中的小事上，要让孩子自己决定和选择。

2. 和孩子进行一场生命的对话

你会和孩子在一起讨论一些深刻的问题吗？不要也因为他们年纪小就小瞧他们的内心世界。与孩子探讨一些有关生命、人生的哲学问题，让你和孩子来一场心灵的碰撞，孩子会因此而更加尊重和信任你，你也会多一个了解孩子的途径。所以，不妨和孩子来一场生命的对话，让他们敬畏生命，珍惜生命，也更珍惜自己的家人和生活。

现在的少年儿童赶上了物质极度丰富、科技飞速发展的好时代，生在幸福年代的他们似乎习惯了这样美好的生活，当生活给予他们太多选择和刺激之后，他们似乎对一切都麻木了。物质水平提高了，但他们的精神世界却没有随之提高。有的孩子的幸福感受能力越来越弱，当他们遇到挫折和压力的时候，甚至会出现焦虑、抑郁等心理问题。为什么物质条件好了，孩子们反而更"脆弱"了？心理专家分析：物质得到满足后，孩子们开始追求精神需求，这会让他们的期望值提得很高，而现实和预期的差距会让他们产生焦虑的心情。

　　一位心理学家说："儿童在 4 岁左右就会产生'死亡'的概念，如果无法得到父母或老师的正确引导，容易对死亡产生错误认知，进而产生负面情绪，影响一生，所以做好死亡教育相当于给孩子一个面对未来无常生活的珍贵锦囊。"死亡教育是生命教育的一部分，孩子只有正确地认识生死，才能更好地理解生命的意义，从而更加尊重生命、热爱生活。

父母之爱子，则为之计深远。对孩子进行积极的生命教育，不只能让孩子感受到生命的可贵，更能让他们以更加积极的心态和更坚毅的品质面对生活中的困难和挑战。所以就从现在开始，和孩子来一场生命的对话吧！

3. 和孩子一起把学习变成一件轻松的事

兴趣是最好的老师，如果能让学习变成孩子的兴趣，对于整个家庭来说都是天大的好事。大量的事例告诉我们，学习可以变成好玩儿的事情，也能变成孩子的兴趣，就看爸爸如何引导和设计。在孩子成长的路上，爸爸要变身成工程师和设计师，为他们量身制订适合他们的学习方法和学习习惯，让学习变成轻松有趣的事。

（1）与生活恰当结合，让孩子用知识解决实际问题

一年级的数学有一节内容是"认识人民币"，除了认识每一种面额的人民币，还涉及不同面额人民币之间的换算问题。对于很多孩子来说，这样的换算有些抽象，单纯地做题效率低、效果差。可通过游戏的方式，即爸爸能在家里开一个小超市，给每一种商品标上价格，爸爸当顾客，孩子当收银员，让孩子自己计算应该收多少钱，应该找给顾

客多少钱，孩子一定会非常喜欢这样的游戏，而在这样的游戏中，孩子就会自然而然地掌握换算问题。还有语文、英语、物理、化学，都可以与生活恰当地结合。

（2）让孩子爱上阅读

苏联教育家苏霍姆林斯基曾指出："促进学生的脑力劳动最有效的手段，就是扩大阅读范围。"阅读能力强的孩子在语文等其他学科中会表现优异。然而阅读能力和阅读兴趣并不是孩子先天具备的，它的形成和提高主要取决于孩子在幼儿时期

接受的刻意培养和教育。"冰冻三尺，非一日之寒"，好的阅读习惯和阅读能力不是一蹴而就的，爸爸要为孩子提供良好的阅读环境和氛围。爸爸也要让自己爱上阅读，试想一下，如果爸爸每天拿着手机刷视频，又怎么能要求孩子爱上阅读呢？

4. 盘点那些不能对孩子说的话

语言的魔力是无穷的，可能爸爸只是一时气急才说出伤害孩子的话，但它却会在孩子心里留下一道深深的疤痕，他可能会因为你的话而自我否定、自我怀疑。孩子是独立的生命个体，他们需要被尊重、理解、信任，需要平等的交流，这样他们才能形成自尊、自信、独立的人格，而这些将成为孩子面对未来各种不确定性的最强大的底气和实力。

一项调查显示：很多成年人的心理问题主要来自年幼

时原生家庭的语言伤害。教育孩子是一个漫长的过程，在这个过程中，孩子在成长，父母也在成长。简单粗暴的沟通确实能产生立竿见影的效果，但它带给孩子的伤害却是永久的。

下面就让我们一起盘点那些一定不能对孩子说的话。

（1）贬低孩子的话

苏珊·福沃德曾说过："小孩总会相信父母说的有关自己的话，并将其变为自己的观念。"如果爸爸经常贬低孩子，孩子会认为自己真的像爸爸说的那样。

"看看人家，你怎么处处不如他？"

爸爸可以拿昨天的孩子和今天的孩子相比，但是绝对不能拿孩子和任何人比较，否则结果只能让孩子失去自信，渐渐变得自卑。每个孩子的性格、特点、长处都不一样，爸爸要做的是让孩子取长补短，和过去的自己比较，努力成为更好的自己。

"你真是太笨了！"

美国儿童学家阿黛尔·法伯曾说过："永远不要低估你的话对孩子一生的影响力。"可能孩子只是暂时没有达到爸爸的预期，爸爸要耐心地等待，帮助孩子找到问题所在，而不是嘲笑孩子笨，这样只会让孩子失去学习动力，丧失信心，从而导致学习效果更差。

"你怎么什么事都做不好！"

很多爸爸会在孩子某一件事情没有做好的时候，非常生气地对孩子说："你怎么什么事都做不好！"明明是一件事没做好，孩子却通过爸爸的话产生了深深的挫败感。孩子真的是什么都做不好吗？其实不然，每个孩子的"花期"不同，有的孩子还不定型，因为贪玩而导致一些事情没有做好，爸爸应该耐心引导，而不是打击孩子的积极性，否则会让孩子在潜意识里认为自己什么事情都做不好，从而丧失学习和尝试的积极性。

你怎么什么事都做不好！

（2）轻视孩子的话

《父母的语言》里有这样一句话："语言是一个强而有力的媒介。"爸爸每一句轻视孩子的话都会在孩子的心里留下不可磨灭的伤痕。

"果真没得满分，我就说你不行！"

如果孩子的成绩没有达到自己或者爸爸的预期，他自己已经很失望了，如果爸爸还不依不饶地揭他的短，轻视孩子，只能让孩子更加烦躁和逆反，对学习产生抵触情绪。在孩子成绩不理想的时候，爸爸要做的不是轻视和讽刺，而是给孩子一个温柔的拥抱，对他们为考试付出的努力给予肯定。在孩子情绪稳定的时候，再和孩子一起分析考试失利的原因，鼓励孩子在下次考试的时候再接再厉，不再犯同样的错误。

"小孩子能有什么重要的事！"

不要轻视孩子的任何问题，孩子的事没有小事，爸爸要做孩子的倾听者、陪伴者、引导者，认真对待孩子的每一件事，不要关上孩子心里的那扇门。

（3）威胁孩子的话

在孩子不听话的时候，很多爸爸会采取威胁的方式让孩子听自己的话，但随着威胁的次数变多，爸爸们会发现，威胁的威力会慢慢减弱。因为孩子会逐渐发现，那些威胁的话只是爸爸吓唬他的，爸爸并不会真的那样做，爸爸在孩子心里的权威

也会不断降低。威胁孩子也会不断伤害亲子关系，让孩子怀疑爸爸对自己的爱、降低安全感。

"我不会原谅你！"

在孩子成长的过程中，犯错误是难免的，错误和失败是他们成长的养料，在错误中，他们能明白什么是对的；经历过失败，他们才能懂得珍惜和珍视每一次机会和每一次成功。爸爸不要用成人的标准去要求孩子，要给孩子不断试错的机会，不要急于对孩子的错误和问题"宣判"。爸爸说的"我不会原谅你！"会让孩子产生恐惧，无限放大自己的问题。在孩子犯错的时候，爸爸要在第一时间给予孩子宽容和理解，让他们更加理性地看待自己的问题并改正过错。

四

男人的成长和蜕变
是一场爱的奇迹

　　做爸爸前，我是一个标准的文艺青年：我爱运动，喜欢和朋友在运动场上挥洒汗水；我爱音乐，在大学时期，校园演唱会上经常会出现我的身影，我的演唱总是能引来女同学的阵阵掌声和尖叫；我喜欢和朋友聚会聊天儿，大家在一起喝酒、聊人生、谈理想，每次聚会都会持续到深夜，不醉不归；我喜欢旅行，只要到了节假日，我就会背起行囊，去陌生的城市感受不一样的生活。

这样的生活状态从妻子递给我验孕棒的那天彻底结束了。我记得那是一个星期六的早晨，我还在睡梦中，妻子的一声惊呼让我瞬间从床上弹跳起来。妻子拿着验孕棒，眼中含着泪水，深情地望着我。我愣了几秒钟，在那短暂的几秒钟，我在脑海里想了好多问题。而后我把妻子深深地揽入怀中，感谢她让我有机会成为一个爸爸。

我的人生从此变得与众不同。

在妻子怀孕期间，我每天为她做丰盛的饭菜，也由此知道了妻子的不易，我之前很少帮妻子做家务，甚至以为做家务很轻松，当我包揽了所有家务后才知道，它足以让我这个身强体壮的男人累得瘫倒在床。女儿出生后，我开始疯狂学习育儿知识，给孩子喝什么牌子的奶粉，用什么牌子的纸尿裤，应该给孩子进行哪些早期教育……我逐渐成了半个育儿专家，身边的新手爸爸经常向我请教，妈妈们也都称赞我是一个暖心的超级奶爸。我用爱陪伴女儿慢慢长大，看着她从一个小小的婴儿长成一个和妈妈一样高的小女孩儿，从只会啼哭到逐渐有自己的价值观。回望成为父亲的这十年，我不禁感慨：这真是一个用爱创造的奇迹，这个奇迹不光是一个鲜活生命的诞生、成长，更是一个生命对另一个生命的震撼和影响。女儿改变了我对生活、对家庭、对生命的态度，让我蜕变成了一个成熟稳重的男人。

女儿小时候，她的一切都由我决定，每天吃什么、穿什么、玩什么，不会说话的她只能听从爸爸的安排；随着她慢慢长大，她开始有自己的主见，她会自己选择朋友，自己决定每天的穿搭，还会反驳我的建议。我渐渐意识到，未来我还会不断调整自己在女儿生命中的角色，直到慢慢退出女儿的生活。

1. 将为人父，一个男人的积极准备

性别属性决定了我们是一个男人，然而"成为男人"却是需要过程的，它需要经过时间和生活的历练，需要我们学会担当。孩子的诞生赋予了我们一个新的身份，然而"成为爸爸"却是一个漫长、复杂且微妙的发展过程。实际上，"成为爸爸"的过程从知道妻子怀孕那天就正式开始了。

很多男人觉得怀孕是妻子的事，只重视妻子怀孕期间的体验和感受。当然，一个妈妈在心理和生理上为孩子出生所做的准备将对孩子产生非常重要的影响，但是我们必须意识到，男人在孩子出生前的准备对家庭、妻子和孩子都具有积极的意义。细心感受你就会发现，在妻子十月怀胎的过程中，你的生理和心理也在悄悄地发生着变化。在刚知道妻子怀孕的时候，除了喜悦，我还有一丝丝担忧：妻

子怀孕了，我就不能像以前一样享受文艺青年的美好生活
了，我将没有时间运动、唱歌、和朋友聚会，我可能会失去
自我，那我还能像以前那样"爷们儿"吗？现在回望妻子十
月怀胎的过程，它让我成为更好的丈夫，也为我成为一个
好爸爸打下了基础。当时的各种担忧都是多余的，我也意
识到一个道理：当了爸爸后，我才算是一个真正的男子汉，
成为更完整的人，我正在"成为爸爸"。

　　在妻子怀孕后，优秀体贴的丈夫都会承担甚至完全接
管起妻子怀孕前做的所有家务，这样妻子才能缓解怀孕带
来的各种压力，为她挡住来自外界的冲击。在这个过程中，

我们成长为体贴的丈夫，和妻子的关系会更加亲密，这也为孩子的降生搭建了一个爱的平台——相亲相爱、亲密和谐的爸爸妈妈才能让孩子真正"赢在起跑线"。我想这是爸爸送给孩子最好的礼物。

　　所以准爸爸们必须有这样的意识：虽然宝宝在妈妈的肚子里孕育成长，但是自己在孩子孕育、成长和发展的过程中所扮演的角色和起到的作用同样十分重要。

2. 孩子呱呱落地：一个爸爸的诞生

　　妻子十个月的孕期结束，瓜熟蒂落，孩子呱呱落地，爸爸见证了一个生命的诞生，这是一场妙不可言的经历，带给我们无法形容的心灵震撼和神奇感觉。我永远不会忘记我第一次抱女儿的那种惊喜、担心、手足无措。小小的她只有我的小臂长，刚刚还在啼哭的她在我的怀里安然入睡，妻子说因为女儿在妈妈肚子里的时候就已经能够识别爸爸的声音，所以在听到我的声音之后她会觉得有安全感。这让我更惊叹于生命的神奇和伟大。

在孩子的婴儿时期，爸爸的参与程度和质量将影响孩子的发展。与此同时，这个小小的生命也将反过来强烈地影响爸爸。哲学家卢梭曾说："母亲与孩子之间的联结是纯天然的，而父亲和孩子之间的联结则是需要被培养的。"这一点我深以为然，没有天生的好爸爸，好爸爸都是通过培养形成的。

"积极参与女儿的生活"是我成为好爸爸的秘诀，这种参与不是给孩子冲奶粉、换纸尿裤，而是参与到孩子的内在生命，关注他们的情绪、情感、愿望，让爸爸与孩子的生命和情感充分融合。从女儿出生起，我每天都会给她讲故事，和她聊天儿，妻子总会笑我，说那么小的孩子能听懂什么？我却不这样认为，我坚信这样的沟通会让孩子与我产生一种深度连接。现在的女儿特别愿意和我分享自己的心事，愿意和我聊天儿，我认为这与我在她婴儿时期的沟通密不可分。

当爸爸能够积极参与到孩子的生活和生命之中时，我们会在未来的某一天惊喜地发现，原来这些都是对自己、对孩子的重要投资，孩子会持续性地带给我们回报和惊喜：对爸爸的爱、依赖，孩子的人格独立、自信开朗，这些都是对好爸爸的回报。

3. 在孩子的童年时期，爸爸是成长之船的掌舵人

孩子们迅速成长，进入童年时期。童年是一个人一生中至关重要的时期，它对孩子的发展和未来产生着深远的影响。在这个阶段，孩子的身心正在快速发展，他们对外界的感知、认知和情感体验都在不断塑造他们的个性和行为方式。孩子在身体、道德、知识、社交等方面发生很多变

化，随着大脑结构的逐渐成熟，他们在这个阶段已经可以使用较高的思维方式了。爸爸们会发现，随着年龄的增长，孩子会努力让自己按照爸爸的标准和要求做事，以此赢得爸爸的赞赏，并视爸爸为自己的骄傲和自豪，有的男孩儿还会模仿爸爸。

　　如果把孩子比喻成一艘在大海中航行的小船，那么在他们的童年时期，这艘小船还不具备独自航行的能力，爸爸必须肩负起掌舵人的责任，为孩子把握好航行的方向，为孩子们抵抗风浪。

（1）陪伴孩子成长

　　爸爸积极参与孩子的成长应该伴随孩子的每个成长阶段，在童年时期这一点显得尤为重要。在这一阶段，爸爸参与孩子成长的范围更广，参与程度也进一步加深：孩子的学习、游戏、阅读、交友……通过陪伴，爸爸能够与孩子建立深厚的情感纽带，这对于孩子增强自信心、自尊心和安全感有积极的促进作用。

（2）传授价值观和道德观念

"想要打造天才，必须从孩童时期开始。"童年是人的一生中最为特殊和重要的时期，它对于一个人的成长和未来有着至关重要的影响。爸爸要在这个关键时期帮助孩子树立正确的人生目标，培养正确的品德和能力。

（3）培养孩子的自理能力

与妈妈对孩子的宠爱相比，爸爸在培养孩子自理能力方面具有先天的优势。爸爸应该重视孩子自理能力的培养，教授孩子基本的生活技能，如穿衣、洗脸、刷牙等，帮助孩子建立独立和自信的个性。

（4）提供情感支持和安全感

爸爸需要在孩子的童年时期努力打造一种"安全型依恋关系"，这样的亲子关系可以为孩子带来安全感和信任感，这是他们个性发展、智力成长和职业选择的基础。要打造"安全型依恋关系"，就需要爸爸在情感上能够读懂、倾听和了解孩子的需求，在行动上能够做到高质量互动，全力理解、支持孩子。爸爸要创造条件和孩子一起玩耍、阅读、参加户外活动等，通过积极的亲子互动，父亲可以与孩子建立更加紧密的关系，促进他们的身心发展。

4. 在孩子的青春期，爸爸要委屈自己：从英雄变成狗熊

上个月，我的爸爸因为脚部骨折住院了，这是身体硬朗的他第一次住院，在医院照顾他的那些日子，我和他有很多时间聊天儿，平日里我们几乎没有这样的机会。平时我忙于工作、照顾家庭，很少与父母深入交流。爸爸笑着说他这是因祸得福，听到爸爸这么说，我的心里感到一阵心酸和愧疚。有一天我和爸爸聊起了我小时候的一些趣事，我突然想起一个问题："爸，我怎么对自己的青春期一点儿印象都没有了？没有经历过我的青春期叛逆，你和妈妈真是太幸福了，希望以后乐乐也像我一样，没有青春期叛逆。"听了我的话，爸爸笑了："你还不叛逆？初中那三年，你每天都像随时会爆炸的炮仗，只不过我没有和你一般见识罢了。你上初中之前，我是你的英雄，在你青春期的那几年，我告诉自己要当狗熊。"说完，爸爸哈哈大笑起来。

（1）不要和青春期的孩子硬碰硬

不可理喻、动荡不安、狂喜入迷、绝望不堪、罔顾一切，这些似乎都不足以形容青春期的孩子，陪伴青春期的孩子就像陪伴一头老虎。

在青春期，孩子的自我意识越来越强，他们渴望独立自主，如果爸爸不能及时调整自己的心态和与孩子相处的模式，就会引发孩子的情绪波动，爸爸与孩子之间的战争将一触即发。在这一时期，爸爸不能把孩子当成小孩儿，要维护青春期孩子的自尊，放下自己的身份和架子，这样才能拉近自己和孩子的心灵距离。只要不是原则性问题，爸爸要选择包容和谅解，用温柔抚慰孩子暴躁的心灵，做孩子可以永远停靠的港湾。

（2）青春期是转折期，爸爸要理解、包容、接纳孩子

大部分孩子会在初中经历自己的青春期，而初中阶段的学习比较辛苦，再加上青春期的身体变化和心理变化，孩子会变得焦躁不安。爸爸要学会理解孩子，换位思考孩子的难处，站在孩子的立场考虑问题，理解他们的困惑、无力和不安。用爱包容他们这一阶段的所有问题，成为孩子的坚强后盾。与青春期孩子相处时不能用蛮力，应以柔克刚，用温和的方式顺应孩子的感受和节奏，否则只会让双方都受到伤害。

第七章

何以为父？ "父亲"是男人一辈子的事业

一

细数中国式爸爸的那些硬伤

1. 打压式教育是一个家庭的最大灾难

　　一项调查研究的结果显示：在 2000 多名 18~35 周岁的青年中，高达 90.6% 的受访者坦言遭受过父母的打压式教育。

　　我的朋友小婉是一个非常优秀的女孩儿。她长得漂亮，通过自己的努力考取了重点大学的博士，毕业后留在母校任教，是我们眼中的"完美女神"。可是我没有在她的身上看到任何的自信。她总是把自己的生活安排得十分紧凑，每天读书、运动、写论文，很少见她轻松地和朋友们一起谈天说地，她总是行色匆匆，像个停不下来的陀螺。后来我们才知道，为了让本来已经非常优秀的小婉不骄傲、继续努力，她的爸爸一直对她进行打压式教育，即使小婉考了第一名，爸爸也会批评她为什么某一科目没有考满分。在爸爸那里，小婉从没得到过肯定和表扬，不管她多么努力，爸爸永远都不会满意。现在的小婉不管取得多么优异的成绩，也总是不自信，没有安全感的她只有拼命地努力才能让自己的内心安定。

心理学家苏珊·福沃德博士在《原生家庭》里写了这样一段话："来自父母打击所造成的伤害效果，不只体现在当下。它贯穿岁月，像一根针一样，深扎在子女的心头。"

对孩子而言，这种日复一日的打压带来的往往是巨大的情绪压力和心理负担。这种所谓的"为你好才批评你"根本不是爱，而是一种以"爱"为名的伤害。

2. 把孩子当成自己的私有财产

在谈论这个话题的时候，我就会想起纪伯伦的《论孩子》，在这里与爸爸们共勉：

你们的孩子，都不是你们的孩子

乃是"生命"为自己所渴望的儿女

他们是借你们而来，却不是从你们而来

他们虽和你们同在，却不属于你们

你们可以给他们以爱，却不可给他们以思想

因为他们有自己的思想

你们可以荫庇他们的身体，却不能荫庇他们的灵魂

因为他们的灵魂，是住在"明日"的宅中

那是你们在梦中也不能见到的

你们可以努力去模仿他们，却不能使他们来像你们

因为生命是不倒行的，也不与"昨日"一同停留

你们是弓，你们的孩子是从弦上发出的生命的箭矢

那射者在无穷之中锚定了目标

也用神力将你们引满

使他的箭矢迅疾而遥远地射了出去

让你们在射者手中的"弯曲"成为喜乐吧

因为他爱那飞出的箭，也爱了那静止的弓

每个孩子从出生起就是一个独立的个体，他不属于爸爸，也不属于妈妈，只属于自己。有的爸爸会因为孩子犯了错误而在大庭广众之下辱骂、殴打孩子，伤害孩子后却不以为然，以"我是他爸""我是为了孩子好"为借口随意伤害孩子。

3. 过度保护让孩子成为"巨婴"

曾经有这样一个新闻，一个男子从小在爸爸妈妈的宠爱下长大。他习惯了爸爸妈妈对自己的溺爱和忍让，虽然是名牌大学毕业，但是因为他不懂得如何与人交流，总是以自我为中心，在应聘了几家单位后都因为无法适应工作而被辞退。经历了几次挫折后，男子干脆破罐子破摔，每天在家打游戏，不肯再出去找工作。为了供养男子，他的爸爸妈妈还要出去工作，而他对此没有丝毫愧疚之情。爸爸妈妈十分后悔，意识到是他们的溺爱把孩子毁了，可是为时已晚，现在的局面已经无法挽回。

　　"巨婴"现象成为社会关注的热点，何为"巨婴"？就是人的身体长大了，但是他们的心理年龄还停留在婴儿时期。虽然这些"巨婴"在生理年龄上已经是成人，但他们的心理年龄却像几岁的孩子，他们总是向父母索取，永远以自我为中心，丝毫不会考虑别人的感受。这是什么原因导致的？是父母对孩子的过度保护。

　　中国式爸爸的过度保护会让孩子失去在社会上独立生存的能力、与人打交道的能力。

4. "棍棒底下出孝子"

心理学家曾经对少年犯进行了心理调查，调查结果让人深思：84% 的少年犯遭受过家庭暴力。家庭暴力会让孩子感到恐惧、愤怒或失望，这些负面情绪会影响孩子与爸爸的亲子关系，降低他们对父母和家庭的归属感，甚至导致他们在日后的生活中对他人采取暴力和控制的行为。

5. "听话的孩子才是好孩子"

如果让爸爸定义 "好孩子"，我想大部分爸爸会把 "听话" 作为其中一项。如果细心观察所谓听爸爸话的好孩子，我们不难发现：他们大多胆小、懦弱，没有自己的主见，看父母的脸色行事。他们通常在意别人对自己的看法，从而忽略了自己的感受。这会让孩子们失去自我，变得缺乏自信。

爸爸应在生活中鼓励孩子们勇敢地表达自己的想法，让他们养成理性思考的能力，从而拥有独立的人格和自信，这样他们才能在不断的发展和成长中实现自我价值。

二

历史上那些值得我们学习的伟大父亲

"养不教，父之过。"

古往今来，中国家庭一直非常重视子女的教育，人们渴望子女成才，留下了很多优秀的教育方法。在中华民族灿烂辉煌的历史长河中，有一群卓越的父亲，他们不但博览群书、满腹经纶、拯救苍生，成为当世豪杰，还养育了优秀的子女。

1. 诸葛亮的《诫子书》

夫君子之行，静以修身，俭以养德。非淡泊无以明志，非宁静无以致远。夫学须静也，才须学也，非学无以广才，非志无以成学。淫慢则不能励精，险躁则不能治性。年与时驰，意与日去，遂成枯落，多不接世，悲守穷庐，将复何及！

　　这段话是诸葛亮在晚年时期为教导儿子诸葛瞻而写的《诫子书》。全文不到一百字，却饱含哲理、智慧和亲情，"非淡泊无以明志，非宁静无以致远"这样的名言警句流传千古，也被人们奉为家训中的名篇，用于教育儿孙。

2. 写出史上第一部传世"家训"的颜之推

　　在古代，许多父亲以家训教导子女，提到家训，不能不提到《颜氏家训》，它是南北朝时期北齐著名教育家、思想家、文学家颜之推的传世之作，也是中国历史上第一部著名的传世"家训"。以下是让我印象深刻、用于教育女儿的"教育

金言"："父母威严而有慈，则子女畏慎而生孝矣。"父母在子女面前要既有威严，不过分溺爱，又要能关怀爱护他们，这样子女才会对父母敬畏、谨慎而孝顺。

"夫风化者，自上而行于下者也，自先而施于后者也。"好的家庭教育应该是由长及幼的潜移默化，育人先育己，只有父母做好了，才能给孩子做好榜样。

"人生小幼，精神专利，长成已后，思虑散逸，固须早教，勿失机也。"孩子小时候心性纯洁无染，接受能力和专注力都很强。因此，教育孩子要趁早，不要错过黄金期。

3. 让家族昌盛两百年的曾国藩

曾国藩是中国清末历史上最具影响力的人物之一，著名的军事家、理学家、政治家、书法家。

他的《曾文正公家书》中曰："君子之立志也，有民胞物与之量，有内圣外王之业，而后不忝于父母之所生，不愧为天地之完人。"君子应胸怀天下，培养圣人的才德，建立王道伟业，只有这样才不算辱没、愧对父母。

4. 文学大家、教子楷模：苏洵

"一门父子三词客，千古文章四大家"，这副对联中的"三词客"指的就是苏洵和他的两个儿子苏轼、苏辙。苏洵是北宋时期著名的文学家，同时也是一位教子有方的教育家。《三字经》中的"苏老泉，二十七。始发愤，读书籍"说的就是苏洵用功读书、大器晚成的故事。

相传苏轼和苏辙小的时候非常顽皮，不肯认真读书，虽然苏洵对他们晓之以理动之以情，但仍然收效甚微。后来当两个孩子玩闹嬉戏的时候，苏洵就在旁边拿着一本书，假装在偷偷看书，还会时不时笑出声来。孩子们跑过去问苏洵在看什么有趣的书，这时苏洵就会把书藏起来，不让孩子们看。这样一来，孩子们的好奇心更重了。等到苏洵不在家的时候，他们就偷偷地把父亲的书拿出来看，从此便爱上了读书，最终成为文坛巨匠。由此我们可以知道，真正的家庭教育不是耳提面命，而是一个潜移默化、春风化雨的过程。

三

子以父为荣，父以子为荣，当爸是一场修行

我在育儿论坛上曾看到这样一个问题：我们养育孩子到底是为了什么？是为了传宗接代，还是为了养儿防老？看到这个问题后，我也陷入了沉思，问题下面的一条评论让我深感赞同和感动：我不要求我的孩子完美，不会用自己的想法定义他的生活，更不用他帮我养老。能把一个美丽的生命带到世界上走一遭，这已是我的荣幸。

从孩子出生那天起，爸爸就开始了自己的修行：在教育孩子的过程中，你会和孩子一起成长，成为更好的爸爸；在陪伴孩子玩耍的过程中，你有机会再次经历一个完整的

童年，童年的缺失和遗憾会得到弥补和填充；当你真正接受孩子平庸的时候，你也完成了与自己的和解。

1.孩子，谢谢你给我第二个童年

周国平在《童年的价值》中写道："在人的一生中，童年似乎是最不起眼的。大人们都在做正经事，孩子们却只是在玩耍、在梦想，仿佛在无所事事中挥霍着宝贵的光阴。可是，这似乎最不起眼的童年其实是人生中最重要的季节。粗心的大人看不见，在每一个看似懵懂的孩子身上，都有一个灵魂在朝着某种形态生成。在人的一生中，童年似乎是最短暂的。可是，这似乎短暂的童年其实是人生中最悠长的时光。我们仅在儿时体验过时光的永驻，而到了成年之后，儿时的回忆又将伴随我们的一生。"

我们会在下雨前和孩子一起蹲在路边看蚂蚁搬家、燕子低飞；在雨后和孩子一起看彩虹、踩水坑。恍惚中，我们会有一种回到童年的感觉，封存在心底多年的回忆像电影一样在脑中一幕幕浮现，似一股清新的风，打开我们蒙尘已久的心，我们会不禁在心底感叹：原来童年可以重新来过。

2. 接受孩子的平庸是爸爸的必修课

很多爸爸对孩子寄予厚望，希望孩子按照自己的预期成长：有的爸爸希望孩子成为学识渊博的人，有的爸爸希望孩子成为同龄人中的佼佼者，有的爸爸希望孩子获得较高的社会地位……如果孩子没有达到自己的预期，爸爸就会非常失望，甚至无法接受现实。这种心理的本质是爸爸无法接受平庸的自己：自己不甘于平凡，却又无能为力，只能寄希望于自己的孩子，通过孩子的成功来证明自己的人生。

爸爸只有从心底里接纳自己，才能从这种心灵的束缚中挣脱出来，发现孩子的与众不同。《优势教养》一书中有

这样一段话：每个孩子都有至少 24 种性格优势。可惜我们对很多优势习以为常，以至于忽视了它们的存在。孩子不是没有闪光点，而是我们缺少一双发现他们优点的眼睛。

3. 终有一天，我们将从孩子的生命中退出

龙应台在《目送》中写道："我慢慢地、慢慢地了解到，所谓父女母子一场，只不过意味着，你和他的缘分就是今生今世不断地在目送他的背影渐行渐远。你站立在小路的

这一端，看着他逐渐消失在小路转弯的地方，而且，他用背影默默告诉你：不必追。"

这一场父子、父女的缘分终会结束，我们将从孩子的生命中退出。但孩子的身体里会永远保留着你传递的基因，你曾给予他的爱、教给他的人生哲理、你给过他的陪伴都将深深地扎根在他的生命里，影响着他的一生，永不磨灭。

终有一天，你们会以彼此为骄傲。